出会いの保育学

―この子と出会ったときから―

津守　眞
津守房江

ななみ書房

もくじ

第二章　手を使うこと

第三章　見ること

私たちの憧れ
今日生まれたばかりの赤んぼうのような
新しい一日

私たちの憧れ
流れのほとりに植えられた木の葉陰に
遊ぶ子どもたち

序章

　私たちは一歩外に出るとたくさんの人と会います。都会の駅から出てくる人々は流れのように通り過ぎて行きますが、一人ひとりの顔も憶えていないし、これらの人が何を考えているのか考えようともしていません。ここでは人と会いながら出会ってはいません。

　それでは〝会うこと〟と〝出会うこと〟とはどう違うのでしょう。

　〝出会うこと〟は文字どうり外に出て会うのです。物理的に外に出るだけではありません。自分の中にある心の枠から出なければ他者とは出会えません。とくに子どもとは出会えないと実感しています。

　私たちが一生涯一緒にやってきたのは子どもとどう出会うかでした。

　大人の私たちには常識からつくられた枠もありますし、時間の枠も、見え方の違いから来る枠も、身体の疲労から来る枠もあります。

　こんな枠が大人の側にありながらも、出会いの時は向こうからやってきます。私たちがぼんやりしていても、他のことに気を取られていても、子どもが笑いかけ、声をかけます。時には恥ずかしげに無関心を装ったり、反対に私が困ることをします。私たちはハッとして子どもに目を向け、応答します。そこから思いがけないやり方で、次が開けてきます。

私たちが出会うのは〝この子〟です。一人ひとり違った存在ですから、出会いかたが違うのは当然です。〝この子〟はこの子であり、〝あの子〟はあの子です。障碍のある子も、特に障碍のない子もそれぞれに独自の存在です。そして私たち大人もそれぞれ違います。それぞれ違いがある一人ひとりの子どもと大人がたがいに出会います。

この子のことを理解する手がかりは何でしょうか。私たちは身体の動きをその手がかりとしました。

子どもは、心の深いところで願っていること、悩んでいることを、身体で語っています。大人はそれを、どう読むか、どう応えるかを問われています。言葉をもたない、あるいは、言葉を使いこなす以前の子どもは、身体の小さな動きによって、心の揺れ動きを表現します。言葉よりももっと偽らずに、率直に表現します。ただ、大人はそのことに気が付きません。身体の言葉を読むことに慣れていないからです。私たちは、いま、とくに言葉を話さない子どもとかかわることが多いので、この子たちが、知性においても感情においても、人間として立派に生きているのに、言葉によるコミュニケーションをしないので、周囲の人々から理解されず、社会では不利な立場に立たされることも多いのです。現代の私たちは、言葉を重視しすぎるあまり、身体によって多くのことが語られているのに気が付きません。そのことが子どもたちを生きにくくしています。

私はどのようにして身体の言葉に目をとめるようになったかを思い出してみると、いくつもの子どもとの出会いのドラマがありました。ドラマといってもささやかなことですから、うかうかしていると見過ごしてしまうことも多いのですが……。

一人の三歳の男の子に出会ったのは、私にとってはじめて幼い子どものグループに行ったときでした。耳が聞こえないこの子とどのように遊んだらいいのか分からないので、この子と同じようについ立てに並んで寄り掛かって立ちました。しばらくすると、この子がつい立てを背中でおしているように思えたので、私もトントンと背中で叩いてみました、この子もすぐに背中でトントンと返し、私もトントンとくり返して、私たちの言葉ではない会話が成立しました。この子はそれから庭の方に自分でしっかりとした足取りで歩き始め、ちょっと振り返って私にも〝来て〟と体で訴えました。

はじめての日のことで忘れ難い思いで心にとどめています。

子どもは誰でも存在の確かさを求めています。新しい人とのつながり、住みなれた家で自分の価値が認められるなど、自我の確立していない幼い子どもの場合は特に大切です。母親の不在や、引っ越しなど大人からみると普通に乗り越えられることも、子どもには存在の根底を揺るがされるような重大な転機になることがしばしばあります。そのような時、子どもは、身体で、また身体の行動でそれを表現します、保育者はその小さな表現を見落とさないでこたえることです。私たちは、三、四歳になっても言葉を話さない子どもの親からの訴えを受けています。子どもは現実の生活の中の悩みや疑問を、遊びの中で表現していることがよく分かります。現実に対しては、受動的に耐えることより他ないことを、子どもは遊びの中で能動的に再現し、自分が願うように遊びを展開し構成していくのです。

子どもは言葉以前に、身体によって体験しています。物についても、人についても、自分の身体で直接に触れ、具体的な生活の中で学んでいます。身体による体験がなかったら、言葉によって教えられていてもそれは自分のものとなりません。子どもは人生の重要なことを、身体の体験で学んでいます。

自分の存在の価値、自らの意志による選択、想像力をだして仕事をすること、愛することなど、いずれも幼児期に体験します。しかしまたこれらの体験が根底から揺るがされるのも幼児期です。それを体験することができなくなるかもしれない危機も体験します。幼児にとって生活は一日が単位ですから。一日の中で何度も小さな危機があり、そのことを身体で表現し、大人に支えられてその危機を乗り越すことも体験します。

身体の体験は、ほとんど無意識の中でなされます。子どもの無意識の動きに合わせて、大人も意識せずに応答していくことが多いのです。子どもは存在の危機に立たされたとき、その無意識の創造力によって身体で表現し、大人もそれに対して思わず身体が動いて子どもを支えます。その無意識を意識化しようとするとき、言葉が生まれます。その言葉が大人の保育行動を支えるのです。身体の体験をもとにして子どももまたそれが言葉となって、次にはその意識が危機を支える力となることもあります。そこに人間の文化としての保育があります。

今回、私たちは普段接してきた養護学校の子どもたちのことを多く語ることになりますが、このことは限られた子どもたちのことだけではありません。どの子も幼児期の子どもの遊びは身体の動きが基本で、言葉はいわば付け足しです。大人になった後も、自分が心の底で語りたいと思うことを、言葉にするのがどんなに困難なことか。そして人は誰でも老年期の最終段階では、発音に分節されない声を発して何かを訴えます。そんな時、手に触れると、手が固く握って緊張していたり、相手によっては柔らかく握りかえしたり、手が多くのことを語っているのが分かります。

出会いについてもう一つ大事なことがあります。

出会うのはこちらの気持ちと相手の気持ちが呼び合い、認めあう双方向のものです。しかし、必ずしも同時とは言えません。一方が熱くなっていても相手は気が付かずにいることがあります。これは大人も経験することですが、ここでは子どもたちの生きる世界の中について考えて行こうと思います。

このことを保育の中で考えるなら、子どもが家を出る時、園（保育園や幼稚園など、子どもの集まるところ）に行くことが親と別れる時だと気が付いて、子どもが落ち込んだり、むずかったりすることがあります。そこに集まる大人や子どもたちと出会う前に別れがあって、他の人との出会いになることを大人たちが気付く必要があります。前のものを手放すことで新しい展開があることを大人たちは知っていますが、子どもはまだ経験が少ないのです。手放すことに心を乱されている子どもには、新しい出会いが見えていません。大人の方でその出会いに心を潜めていないと、気付かずにやり過ごしてしまいます。

保育者は大袈裟に、積極的に働きかけるのではなく、出会いの時を大切にしようと、いつも心に留めておくのです。

出会うのは人と人との間のことですが、それは両者が投げ込まれた状況の中です。状況とは生きている人間同士の織りなす様々な出来事の舞台です。場所も時間も人も大切な要素です。この中での出会いは偶然に見えることが多いのです。保育においては偶然を生きるということが、大切です。風の吹く日も、雨が降る日も、花の咲く日も、落ち葉の散る日も、どの日も子どもと大人にとってはワクワクとする日です。子どもがいるから自然との出会いの偶然が、生きて来るのです。自然の中での偶然の出会いを生かすのは大人の力だけでなく、もっと大きな神様の力が働いていることを思います。出会いの偶然は、偶然のようにみえながら普段から心に留めていたものがあるから、出てきたのであってそう考えると必然とも思えてきます。

朝、園へ行く道で子どもと出会うというような小さなことでも、偶然は喜びとなります。

子どもはどの子も生きた活力を持って遊び、その中で成長します。親でも、幼稚園、保育園でも、養護学校での保育でも現代の保育の専門家はそれを体験しています。保育者は子どもが十分遊べるようにするという大きな役が与えられています。子どもは「あそびやせんとてうまれける」と当然のように言い切ることができないのが現代です。まず、場所を整え、時間を確保し、乳幼児の心の中の緊張を取り去るような自然を求め、自分自身も子どものありのままを受け入れられるような心の状態を整える必要があります。

しかしそれとは反対に、子どもが枠から外れないように監視する役を取らなければならないことも多いのです。危険な道路を子どもを連れて歩かなければならない時など、監視する役割になることがあります。現代の社会は教師や保育者、親たちにそのような役を押し付けています。そのとき大人たちは状況の中で押しつぶされ、一人の人間として立つことができなくなります。大人は子どもの内的状況とは関係なくばたばたと動いてしまいます。しかし、このことに気がついてからは私はやりかけていたことを手放して、子どもの方へ向きを変え、気持ちを外に向けて、自分の枠から出ることを意志的にしています。けれども、一人の努力や意志だけでは持ちこたえられません。

そのとき、大人同士の連携と協働が必要となります。場の全体を感じる人の存在はどんなにありがたいことか。〝ちょっとこの子を見ていて〟〝この子があなたにもっといてほしいみたい〟など気がついてくれる人です。保育の場にある同僚も、実習生も、ボランティアの人もありますし、家庭でいえば、親たちと祖父母や手助けをしてくれる人が、心を合わせて育てる仲間となるようなことを夢見ています。人間観子供観において、基本的に方向が同じであることを大切にして、場をつくれたら最高です。自分の考えで頭が一杯になると子どもと出会えなくなります。子どもがしていることをそのままに見ることができない目、すなわち、その場で起こっている現象を、そのままに見ることをできなくさせる目になっています。子どもという他者のはかりしれない他者性に気付かなくなります。マルティン・ブーバーが言うように、他者の他者性に出会うことが私たち皆に期待されていると思います。

同じ場で働いたものが、一日の労働の疲れを癒しながらその日のことを話し合うことは、なんと楽しいことでしょう。それぞれの角度から子どもについての見方を学ぶときでもあります。

この本は、子どもたちについて、保育について、子どもたちの成長について、尽きない面白さや苦労を私たちの居間で語り合ったことが中心になってできたものです。

保育は出会いから別れまでの間に繰り広げられる、小さなドラマのつらなりだと思います。

第一章　歩くこと

1　S君は見通しをもって歩いた

津守　眞（以下Mと略記する）

昨日、十五歳になるS君が、私共の家の造形教室（私共の子どもたちが独立して使わなくなった部屋を利用して白井多実が主宰している活動）にはじめて来ました。そのときのことから始めましょう。

車椅子で両親と一緒に来たS君は、まず玄関から外に行きたいと身振りで示しました。垣根につかまって歩いて端まで行きました。最初私は門の外に出たいのかと思いました。見渡すと行き止まりになっているのが分かりました。それ以上先には行かないで逆の方向の物置の隅に行き、そこも行き止まりだと分かるとすぐに玄関に戻りました。門から外に行くか、それとも玄関から家の中に入るか、S君は迷った様子を示しましたが、本人は家の中に入ることを選びました。それがはっきりしていて、S君は自覚をもって行動していることが私に分りました。家に入ってからのやりとりを見ていると、手足の動きは思うようにならないことが多いが、造形をしている他の子の中で分別をもって行動しました。それが私には強い印象でした。

津守房江（以下Ⓕと略記する）　分別をもって行動するということをもう少し詳しく話してください。

Ⓜ　S君は発作もあるし、手足の動きが唐突だから、ちょっと手を動かしただけで周囲の物がひっくりかえったりします。けれども、本人としては自覚をもって行動しているから、その意図するところを信じて環境を作れば、どんどん自分でうまく行動するようになるに違いない。あなたは歩けるんだからどこにでも行っていいよと言ってくれる場所が、これまで愛育養護学校（以下愛育と略記する）以外になかったのでしょう。よその家に行けば、台所や寝室は入ってはいけないとか、もっと制限があるのが通常です。

　今日の場合で言うと、玄関から庭へ出て探索していたとき、植えたばかりの苗を踏んでもかまわないと私は覚悟していた。ところが、S君はできるだけ踏まないように分別をもって行動していました。ちょっとは踏んだけれど（笑い）。

Ⓕ　今日、あなたが心を動かされたのは、S君が自覚をもって歩いて移動し、伸び伸びとしていたことだったのでしょう。

Ⓜ　子どもが何かをできるようになったとき、それが歩くことであろうと手を使うことであろうと、それを子どもは使いたいと思う。そのときに励ましてあげればそれが成長のもとになります。

F そのできるようになったことというのは子どもによって違うでしょう。S君の場合はそれが歩くことであって、今日は気持ちよく歩いた。歩くことによって自分が今いるところを確認することだったと思う。自分が今いるところを出発点としてそこにまた戻ることができる場所、通過点としての場所ではなくてドアを開けば次が開けて、またそこに戻ることができる。S君は空間に固執してそこから次の段階を開いていったのでしょうね。

●以前のS君の様子。そして今日

M S君は、愛育を卒業して以来、自分が歩いて行こうと思うところに歩いて行かれないという環境でした。

そこを話すのにS君の前史を話しておかねばなりません。S君が愛育に入学して来たのは小学校一年生のときです。その頃、私はS君とあまり付き合いがありませんでした。その間の様子を担任に聞いてみると、一年生のころはほとんど移動ができなくて、車椅子に乗せられたままでした。二年生くらいのときに急にいざり歩きをするようになって、見る見るうちに速いスピードでいざるようになり、一人で立って歩くようになりました。私は、S君があれよあれよと言う間に歩けるようになったことに驚きました。愛育では子どもが行こうと思った所に、職員室であろうと応接室であろうと、学校の中ならばどこでも行ってもいいよと励ましています。そういうようにやってきて、じきにS君はつかまって歩くようになり、別人かと思うようになって私が驚いた時期があったのを思い出します。ところが愛育養護学校を六年生で卒業した後、どこの専門の訓練所でも、自分で歩いて行っていいよと言われなくてむしろ規制されたので、もうそこには行かなくなってしまった。結局中学校にも行かなくなってしまいました。

さらにその前の小さいときのことですが、S君は心臓が悪くてその手術のときの事故で脳梗塞を起こしました。それが二歳前後で、それまでしゃべったり走ったりしていたのに急に歩けなくなり話せなくなり、親たちは大きなショックを受けました。

そこから今日の話になるのだけれど、これは障碍をもつ子どもの一つの典型ではないかと思う。造形教室の傍らでそんなことをS君の両親と話しました。

F S君は発作が起きるのでしょ?

M そう、突然発作が起きる。

F こういう子には一人一人丁寧にかかわることが大切だから、あまり早くから集団行動をするような場はすすめられないのではないかしら。

M そう、特に幼児期では親も一緒に入って遊べるような穏やかなところがあるといい。

歩くことは嬉しいこと、そして成長すること

M どんな子どもでも、歩き始めた頃、自分で歩いてどこにでも行ける環境があるというのは成長のひとつの条件になるのではないだろうか?

私は愛育で何人もの子どもでそのことを確認しました。私がかつて担任をしていた三歳の女

の子はいつも額にしわを寄せて、自閉症と言われていました。母親は東京に引っ越して来たばかりで、狭いマンションの一室で母子二人きりで、子どもが外に出たいと言っても出て行かせられないでいました。その子が初めて愛育に来たとき、どんどん歩いて職員室に行き、応接室に行き、学校中毎日歩き回ってそれ以外のことはしないくらいでした。

F 幼稚園や保育園でも、朝、まず園の中を走り回らなければ一日が始まらない子どもがいるけれど、同じことでしょうね。

M そう、同じことです。親は、歩くこととの大切さをなかなか分かってくれない。この学校はただ歩く以外は何もしてくれないと私は母親から言われました。私は思うところに歩いて行くことが今のこの子のすべてだと思い、何週間も一生懸命にそれをやったのに。あるとき実習生と私がピアノを弾いて子どもと一緒に踊ってとても楽しかったことがありました。その子ははじめて笑いました。その時その子の世界がパーッと開けたように見えました。それは私にとって嬉しい瞬間でした。

歩いて行こうと思うところに自分で歩いて行ける環境を作ることが成長の元だということ。私はそこが言いたいのです。

F 思うところに歩いて行けることがなぜ成長の元と考えるのでしょうか?

M なぜかとは分からないけど。人間はそういうふうにできているのではないか。人間の成長は、第一に存在感がしっかりしていること、第二に、能動性、第三に相互性、第四に自我が大事と私は考えています。存在感はいつも愛されているという確信から、能動性は子どもがやろうと思うことの価値が周りの人に認められる環境から生まれます。それは一見簡単に見えるが、今の時代にはなかなか難しい。子どもが自分でやろうとすることには必ず意味があるのに、目に見える結果に結び付かないことは切り捨てるので、原因結果を重視する今の時代は、子どもが心の底で本当に願っていることを見ることができない。

子どもの発達は、運動、知的、社会性、言語等と分類するのが科学的、心理学の伝統的考え方でしたが、人間は、ひとりの人格として、全体を見る考えを、とくに生活の中で実際に保育する立場から考えたいと私は考えました。ランゲフェルトが科学的心理学に対抗して、現象学的心理学を強く主張したのは、一九五〇年を中心とする四十年間でした。私は障碍をもつ幼児の保育をしていて、同じことを感じ、「歩く」ということを、運動能力の発達と考えるのではなく、子どもにとってどういう意味があるかを考えました。

F 子どもが自分の足で歩いて移動することの意味については、「人間とはそういうふうにできている」と言うだけでは説明にならないでしょう。私は、移動することによってぐるっと回ってまた戻って来る循環性が大事なのだと思います。外に行ってもまた元に戻って来るという存在のもとが根底にあっての能動性だと思います。愛されて受け止められるだけではなくて、移動によって自分の場所があることを自分から把握することによって存在感がさらに確認できるのではないか。

M それは循環性の問題。愛育の場合には、ひとつのドアをあけるとまた元に戻るという循環空間があった。このことは幼児期に一般に言えることだと思います。

F 今回、話しているなかで、人が自分でできることの自信と、生きていく場所の把握というふたつの大きなテーマが浮かび上がってきました。

私は以前「障害」という語を用いました。障害の害は、害毒の「害」です。この子どもたちは、何も害毒を流していない。これに気が付いたとき、私は害という字を使えなくなりました。「碍」は、妨げの石という意味です。目から石を取り除けば障碍ではなくなる。こういう理由で以後「障害」を「障碍」と変えました。

（津守　眞）

私は障害児について、以前は「成長のために特別の手助けを必要とする子ども」と書いてきましたが、ここでは「障碍」と記すことにしました。

（津守房江）

2 歩きはじめのドラマから

●十年後の今日、コンサートに招かれて

M 今日はNさんの歌の会がありました。最初の歌が「里の秋」。そして、手を振って手をたたいて足で踊りながら「静かねえ」と言いました。それを最初聞いた時に私の記憶がいろいろとよみがえり、この子はあのころのことをどう思っているのだろうと考えました。あっちを向いたりこっちを向いたり、みんなの方をひと回り見えるように向いて、いま歌を歌っている幸せそうで得意そうなNさん！その歩き初めを思わずにはいられませんでした。

Nさんが愛育養護学校に来たのは、いまから十年位前で、Nさんが三歳のときでした。歩くことはできたけれども、ふだんはいざり這いで移動していました。歩く訓練をしないと、いまに大きくなって体重も重くなり、もっと歩けなくなるのではないかと心配していました。そのことはしばらく親にも私にも課題でした。たとえそうであっても、歩くことを訓練としてやるのでは、何かほかのところにひずみがでるのではないかと思いました。そんなことを言って、もし歩けなかったらどうするか、質問と疑問に突き当たって、私はずっとそれが頭から離れなかったのです。ある時、もう一生歩かなくってもいいのではないか、楽しく過ごせればそれでいいというふうにお母さんと話しました。そうしたら、お母さんが、「私もちょうどそう考えていたところなんです。一生歩けなくっても毎

日を楽しんで過ごしていればいい、とそう考えることにします」と言いました。その翌日、誰かがホールに向かってとんとん歩く足音がしました。私は誰だろうって思ってのぞいてみると、それがNさんで、もうお母さんと一緒にびっくりしました。だけど、その頃にNさんは、まだ来て間もない頃ですが、帰りがけに発作を起こしてしまいました。お母さんは「前いたところとはちがって、ここは刺激が多過ぎて、Nさんは静かなところが好きだから、こういううるさい所に来ると発作を起こすんです」と言いました。それで私ははっと気がついて、Nさんといる時には静かな所を選んで過ごさないといけないのだと思い、そのように努めました。

ある時Nさんが階段をのぼりながら、「いーち、にーい、さーん、」というふうに数字を言うんです。私は何かそれが非文化的でみすぼらしく思えて、同じそうやってリズムを取るならば歌を歌った方がいいと思った。それで、私は歌を歌って階段の昇り降りをしました。そういうふうにして、Nさんが最初に歌った歌が「海はひろいな大きいな」という歌です。私はそれを聞いてとたんに思ったことは、ほとんど歩けないような状態だったNさんの行動範囲は広くはないはずだ。「海はひろいな大きいな」という、そういう歌を歌うのは、自分の歩くことができない広い範囲の世界がNさんの心の中にあるんだなあと思いました。そんな時から、「いち、にい、さん」と唱えるのではなくて、いつも階段の昇り降りの時には、その歌を歌ったんです。

それからだんだんに歌の種類が増えていきまし

た。

　Nさんはさっき静かな所でないと発作を起こすと言いましたけれども、その反面、みんなの中に賑やかにいることも好きで、来た最初の日から動けない他の女の子をトランポリンに乗せて、担任の先生が跳んでるところにNさんが這い上がってトランポリンを一緒に跳ぶことを楽しみました。だから、私は静かな所が好きだという反面、賑やかな所が好きなんだなあと思っていました。今日の小さなコンサートの中でNさんを中心にして喜んだり褒めたり歌を歌ったり、賑やかな場面を本当に楽しんでいました。Nさんが選んだ最初の曲が「里の秋」だということにも深く感動しました。ずっと以前静かな所で、「里の秋」を歌い始めたことを思い出しました。そのとき「静かねえ。誰もいないねえ」と小さな声で言ったら、Nさんがそれが気に入って、二階に行くと「静かねえ」と言って、「里の秋」を歌い出すというのが二階に行く時の常でした。

　Nさんは確かにホールなどにいて、賑やか過ぎる時には、よく私の手を引いて、二階に抱っこで行って、私がハーモニカを吹くと、一緒に歌いながら、何度も吹いてくれと要求しました。そんなことがもうずっとずっと何年も続いていました。そして今日は歌の会で、ここの学校を卒業したあと、その歌をちゃんと正式に取り上げて形にしてくれる専門家がいるということをとても嬉しく思いました。歌の途中から手を大きく動かしたり、それから座ったり、また立ち上がったり、そういう動作をたくさんやって、歌だけでなくて体を動かすことをやりました。

◉歩行訓練を飛び越えて

F 私はNさんについてはあまりかかわったことがないけれども、お母さんからよく話を聞いていました。Nさんがたびたび怒るというのが話題になりました。どういうふうに怒るかというと、自分がやりたいと思うことがうまくできない、歩くことをはじめとしてそれができないということがNさんにはとてもつらくて、自分自身を支え切れなくて、頭を床にガンガンぶつけて怒るとか、お母さんの腕を叩いて怒るとか、そういう怒るということがテーマになっていました。怒らなきゃならないほど、自分の思うようにならないことがあるのは大変だったんだなあと思っていたら、今日、歌の発表会では、Nさんは両足でピョンピョン跳んで、歩くどころかピョンピョン跳び上がって踊る。くるくるときれいなワンピースを翻して、ピョンピョンと踊って、両足が空中に浮かぶのはまるでトランポリンを跳んだような感じに見えるので、あっと思ったんです。この子の場合、歩けないということから、右足、左足を交互に動かして歩くようになるということを通り越して、いきなり踊るということ、歌いながら踊るということに直結したような発達をしたんじゃないかと思いました。着実に訓練を重ねて歩くようになったというよりは、嬉しい歌をいっぱい歌っているうちにピョンピョン跳び上がっちゃって、両足が地面から離れて、そして転ぶと怒って、怒りながらも楽しさに引っ張られて成長するという、そういうやり方もあるんだなあって思いました。

M その歩くか歩かないか歩き始めた頃に、自分の足を叩いて、頭をガンガン床にぶつけて、「アシ、アシ」と言った。それでね、こりゃあ、歩けないというところにあまり注目することのせいだと私は思いました。「歩けなくったって、とにかく歩けないなんて問題じゃないよ、あなたはすてきなものを持っているんだからね」ってそういうつもりで言葉をかけながら、「チチンプイプイ。痛い所は病院の屋根の向こうのバスの停留所の向こうのお空の向こうに飛んでけ飛んでけ、プーイッ」て言うと、Nさんはくるっと気持ちが変わって、そうして「直った」と言って立ち上がる。それをいつも繰り返していた。

F お母さんも『親たちは語る』（ミネルヴァ書房）の中でそのことを書いています。

M あ、そう。

F 「私だってつらいの、飛んでけ飛んでけ、プーイッて言って飛んでったらどんなにいいだろうって思います」って、お母さんはそう書いてくれました。子どもは歩きたいと思うのに歩けない。そしてそのことでいらだってるっていうことをお母さんはとってもつらく感じていたんだと思います。その当時は。

M それは、また同時に、愛されて育っているっていうことと関連があると私は思う。痛い自分の足がもっと何とかならないかと思っても歩けない。それで怒る。だけど「チチンプイ」ってやると、気持ちの転換ができるというのは、愛されている子どもの、特徴と思うのです。

●愛される喜びが機能の喜びへと向かう

F 歩くことと愛されることは、ちょっとかけ離れているように見えるけれども、かけ離れてはいなくて、転んで歩けなくてつらい思いをした時に、気持ちを立ち直らせる力というのは、愛されることでできてくるのではないかと思います。以前の日本保育学会大会で発達心理学会理事長の柏木惠子先生と津守真の対談の中で、柏木先生がシャルロッテ・ビューラーの言葉を引いて「機能の喜び」と言われたけれど、機能の喜びは愛される喜びとくっついていることなんだと思いました。

M それだから、歩けない歩かないという時に、足だけに着目して、それを訓練すれば歩くようになるというふうに考えるのは誤りだと私は思う。

F 歩けないというマイナスの能力を、そこに引き上げれば、マイナスがなくなるんだから普通の人になれるかっていうと、そうじゃないの。愛される喜びなしに、機能の訓練だけでは偏った人間ができ上がってくると思います。

M それだから、歩けない歩かないということも、生活全体の喜びを与える保育、そして自分でやれることを自分でやる、その喜びを作り上げる保育が必要だと思う。私は何も機能訓練を否定するわけじゃないんで、生活全体の中で機能訓練に相当するようなものがちゃんとなされている。これをさらに本音を言うならばね……。

F いいですよ。本音をどんどんいってください。(笑)。

M 私は何回か、機能訓練に立ち会ったことがあるが、それを見ながら、保育の中でこれをやったらほかのことも一緒にできると思った。

子どもがいやがっているのを連れてきて、訓練をやるのを見て私は疑問をもった。ああ、保育がここには必要なんだと思った。今Nさんのことを考えると、一生歩けなくてもいいと思い、親もそう思い、そこまで覚悟したところから、人間を育てることに腰を据えて本気でともに生きた。今日はNさんの歌の会だったからとくにこうやって取り上げたけれども、何人もこういう人たちがいました。ほとんどの子どもは歩けるようになったし、ある子どもは歩くところまでついにはいかないこともある。

一人一人子どもは違うのであって、比較研究じゃない。

F ひとりの子どもで、あのやり方とこのやり方と比較研究をやってみることはできない。もし違うやり方をやったらどうなるかということは実証することはできない。

M 研究者としては辛いところなのだけれども、保育とはそういうものだね。

F 生活全体を盛り上げていくっていう保育がだいじです。

親の愛と知恵が輪となって人々に広がった驚き

F 子どもの生活の輪を広げていくことに、親も一所懸命になったし、歌の先生も専門家としてかかわってくれた。子どももそのタレントを持っていた。Nさんのおじいさんがあの会のときに、「歌だけでなく、それにともなう所作というか、体の全身の表現がとてもいい」と言っておられた。

M そうそう、それがとても印象的だった。Nさんはウオルフガング・シュタンゲの「音と動きのワークショップ」(ダンス)にも行っている。

歌が好きという点ではI君も印象的です。私はよくI君と手を叩きながら炭鉱節を歌いましたよ。彼は全身で笑って楽しんだからまわりの人たちが楽しみの輪に巻き込まれた。

F 私の心に残っているのは、I君が階段を降りるときの出来事です。そのときはもう歩いていたけれど、階段を降りることはうまくできなかった。片足ずつ出せないので、あるとき二階へいって両足をそろえてピョンピョン、ドスンドスンと、ふたつの足をそろえて、ずるっと落ちるような感じで、あの赤いカーペットを敷いた階段を降りてきました。私が心配して付き添おうとしたら、I君がわざわざ上へ戻って私のことをぐーっと押して、ドアのかげに押しつけて、自分でドスンドスンって降りてった。お母さんにその話をしたら、うちではおばあさんが一階に住んで、二階にこの子の家族が住んでいたけれど二階から降りる時はすごい音がする。お母さんは、本人が自分でやらなければ気がすまないと思い、落ちても仕方がないと思って、すぐ飛んで行ける所で待っていたという話をしてくれました。私はとても感心しました。それで、降りるということを克服してI君の空間が広がったと思う。

M 昨日、お母さんと、お父さんと、お姉さんと、それからいまI君の家でやっている「ウルトラの国」(音楽好きのIさんの家族を中心に毎週仲間が集まる場)を手伝っている福祉の学生さんと、四人がそろって愛育に来ました。今の話をすると本当にそうですねってお母さんが言って、お姉さんもそのことを覚えていました。

今はI君はどんどん遠くまで歩いて探検を重ねていきます。
大きな音がしたら飛んで行けばいい、階段から落ちたら飛んで行こうと思ってはらはらしながら待っていたっていうI君のお母さんの言葉は、知恵と言うか愛と言うか、大切なこととして心に残っています。
F 親がそういうふうに考えるならばとそれをサポートしてきたのですね。ここに取り上げたNさんやI君だけでなく、多くの人が生活を盛り上げ、他の人へも輪を広げていきます。
M 私が次第に体力の限界を感じて、体を使ってこの子たちと付き合えなくなったとき、次々に若い保育者たちがこの子たちとかかわるようになった。その中でその人たちの得たものは私とは違う別の豊かなものだと思います。そういう親が増えて、それをしっかりと受け止める保育者が増えることが障碍を持つ子どもの保育の大切なことではないでしょうか。

3 指に掴まって歩く

●幼児期の大切さを語り合う――病院の待合室で

病院の待合室で、私たちはばったりとTくんとお母さんに会いました。

F 嬉しそうな顔をしておじぎをし、握手をして、お母さんもとっても喜びました。それぞれ診察を待っている間に私たちは話をしました。

M 待っている間に、私はTくんの隣りに行きました。Tくんは自分から手を出してにこにこ笑って私に握手を求めました。お母さんは私にいろんなことを話しかけました。「家庭指導グループ（0歳から幼児期の障碍をもつ子どものための週二日の通園グループ）の時のことが今の基礎になっていると思うんです。でも世間ではあまり認められていないけれど……」「今になってみると、あの時のことがとても大事だったと思うんです。同じ年齢の同級生に出会ってみると…」とお母さんが言いました。

F 青年期になったTくんとお母さんは私たちと過ごした幼児期のことをどう見ているのでしょうか？

M お母さんは、他の障碍の人を見ると、動きがぎこちない人が多くて、何か暗くて、うつむいてとぼとぼ歩いているように見えると話しました。それに対してTくんは胸を張って、いつも笑っている。私から見てもTくんはそのように見えました。「今、ご飯食べるようになったんですか？」と尋ねると、「今も偏食は多いけど、ご飯は結構食べます。でもあの頃何にも食べなくて、そして家庭指導グループに来ると「校長先生―じいじ先生―」の指を掴まえて歩き回った。それがとっても嬉しそうでした。「あの指を掴まえてあっちに行ったり、こっちに行ったり、ぐるぐる歩き回って、そして先生がそれに応じて歩いたりして、大変だったでしょうねえ」とお母さんが言うから「いや私はTくんについては、大変だなんて思ったことは一度もない」と言いました。Tくんは私の指をつかまえて、自分から歩いて、部屋の隅に行ってみたり、それからしばらく歩くと今度は中二階の上にまで上がってみたり、そうやって私の方から言えば、Tくんが自分から行こうという能動性をどこまでも尊重することが彼を生かす道だと考えていました。私はそう思っていたから、Tくんが自分から「あっち行く、こっち行く」と言っても、お母さんの言によれば、「引きずり回されて三十分も一時間もあちこち歩いた」ことは全然大変ではなかった。それでお母さんも「あの時のあれですよね」と、あのときの私を認めてくれました。

F 話は戻りますけれども、Tくんが校長先生―じいじ先生―の指に掴まってお母さんから離れて歩き始めたその前はどんなだったでしょうか。私の印象では、後ろから押されなければ歩けなかったように思う。それが何にも誘わない人の手を見つけたということが、あの頃の良かったことだと思う。こちらからエネルギーやパワーは一切出さないで、ただ自然な手があった。その手に縋ってみようかなと思った。押されるのではなく、引っ張られるのでもなくて、一緒に歩き始めた。もちろんTくんは歩行できたけれども、歩く気がしなかったのですね。そして手に掴まって歩き始めた。

◉子どもが自由感をもつような保育――じいじ先生の指

Ⓜ あの頃、きめ細かい保育的配慮のことを私は考えていたので、Tくんが歩きはじめたことに興味をもってかなり詳しくとっておいた記録があります。家に帰ってから記録を取り出してみました。

▩最初の出会いの記録

Tくんが、三歳半ではじめて私たちのところに来たころ、Tくんは歩行はできたが、自分から歩こうとしなかった。私がそっと手を出すと、Tくんは私の両手の指につかまり、私も腰を低くして、東京音頭や炭坑節やお祭り気分のリズムを歌った。他の子がそれに合わせていた。一時間くらい、同じ場所に立ったまま、私はリズムを歌い続けることによって、Tくんと私との関係が保てるように思えて、ひたすら歌いつづけた。そのうち私が立ち上がって足踏みをするとTくんも足踏みをする。私が足を一歩出すとTくんも足を出した。そのうち私がトランポリンの回りを、Tくんの両手をとって歩いた。やがて片手をつないでいれば平気になった。弁当の所にも歩き、Tくんの行く方向に行くつもりで歩いた。間じきりの衝立の穴をくぐった。Tくんは何度もその穴をくぐった。

私が少し庭にいこうとすると、Tくんは自分から一緒に庭に出て行った。ホールの入り口で中を見て立っていた。私はリズムをとりながら、片足を床に乗せると、そのうちに自分の片足をのせる。しかし、私はそれ以上に中に入ることをしなかった。Tくんは、小雨の中を歩いて庭に行き、また保育室に行った。部屋の隅をのぞいたりした。私が腰掛けていると、Tくんはトランポリンの上の子どもを見ている。私の体がじゃまになると、そちらを覗き込む。私はのりおにぎりをもってきてもらう。蓋をあけると、しめろと言う。そして自分で蓋をあけたり、しめたりする、手にご飯がついた。母は、こんなに離れたのは生まれて初めてだと言う。

　帰りがけには、手を伸ばして、私に抱かれた。これは初めてである。今日一緒に歩いたことが、Tくんにとって私を理解者と思わせたのであろう。

F　この後にも細かい記録がありますが読むだけで大変ですね。

M　実際にこれの何倍もの同じ様な行動とやりとりが延々と続いていたのです。

　こういう繊細な子はどこの幼稚園にもいるでしょう。そのことがもう一番最初から分かったから、Tくんが小さな動きをするまでは私も自分から動かないで、Tくんの方からほんのちょっと動いたところをこっちが応えた、そこは私が非常に意識して細やかに気を遣ったことです。それはあの時期のTくんと付き合うときの大事な点だったと、今になっても私は思います。あの子の動かない様子はかなり極端だったけれど、ある程度はどの子どもにも言えることでしょう。自分から動いた小さな動きを敏感に察して応ずることの大事さを示してくれたのが

Tくんだったと思います。

F そうね。年月を経て後に記録を読むということは、もう一度生き直すことになるのでしょうか。

M ボルノウは、「著者が自分自身を理解していた以上によりよく彼を理解するということは、いかなることか」という問いを出して、「読者は著者と同じように著者を理解するだけではなく、さらに著者が自分自身を理解した以上に彼をよりよく理解しなければならない」（以文社）と言っています。私共が自分が書いた記録を読むというのは自分が読者になることです。記録を記したときに自分が何を言いたかったのかを明らかにすることは、私にとっていまの課題です。

存在を確かめる遊び
―もっと違った自分を期待する大人に抗して

F その後あなたがあんまりTくんとかかわれなくなって、引き受けたのが私です。

私もこれまでのことを見ていたから、なんとかしなければというようなパワーは出さない。ただ自分で動きだせばいいなあと思って付き合っていたら、校長室と応接室に行って、それで応接室のソファに座って窓から外を見ていました。お昼になってもヨーグルトの四分の一をやっと食べる。お母さんのために何とかして少しでも食べさしてあげたいと思ったけれど、本人が食べるということを拒否してました。そして体も小さいし、弱いし、これでどうなるだろうかと思ったけれども、そのうちに何かの拍子で階段を上がって二階へ行きました。二階には他の子は来なかったから、比較的静かな空間で一番奥の部屋は特に静かで、そこでTくんと私と二人きりでずっと過ごすことになりました。それは一時間とか二時間というものじゃなくてね、もう朝から帰るまでその奥の部屋で過ごすことになって、そしてTくんは自分の顔を伏せて「ない、ない！」って、言うのです。Tくんが「ない、ない！」と言うとね「あれ、Tくんいないぞ。どこ行った？」って私が探すわけ。そして少したつともう、おかしくておかしくてたまらないっていうようにして、フッと顔を上げてね「いたー」っていう、存在と非存在の間を揺れるっていう遊び、つまり、かくれんぼを二時間も三時間もやる。

M なるほど、Tくんの大変さを、共有する大人が必要だったのですね。

F 自分の存在を消したいというような思いと、でも探し出して愛して欲しいっていうその間をあの人は揺れたように思う。だけどそのときの私にはTくんの気持ちがよくわからないので、それにつきあうのは本当に大変でした。他の子を全然見ることができないで、あの子にだけ向き合っていました。

M そうしないとTくんは承知しなかった。

F Tくんは他の子が来ると他の部屋に逃げて行くことになったから、あのときは私にとっては本当に忍耐のいるときでした。「ない、ない」っていう否定の言葉だけが出てきて、何にも肯定の言葉が出てこない。それを長い期間やったと思う。そして「ああ、あれは本当に辛かった」って、愛育の研究会のときに言ったら、「F先生はあれが好きでやってるんだと思った」ってスタッフの人から言われたとき、ちょっとショックを受けた。でも考えてみると、外からは楽しそうに見えるくらい、自分の心を励まして、明るく、陽気にやらなければTくんの非存在に自分まで一緒に巻き込まれてしまうような危機感を感じながら誰もいない部屋で二人っきりでした。

M 週二日ずつですね。

今日もそのことを思い出して「あの頃お母さんはもう、狭い目の前のことしか見えなかったからね」て、私が言ったら、お母さんは笑って「ほんとうにそうですよね。ほんとに一筋のせまーい所しかみつめてなくって、そしてあっちこっちの相談所や施設に行っていましたよね」ってお母さんがそう言っていました。

F そういう反応をしたTくんというのは、自分が存在しちゃいけないみたいに思っていたのかもしれない。でも非常に愛されてた。このまま愛されたんじゃなくて、何か期待されて変わった自分であったらもっと愛されるだろう、そう思うからあの人は大変だったと思う。

他の元気な男の子が、私たちのいる裏の部屋の静けさに惹かれてバタバタバタッって飛び込んでくることがありました。それがきっかけで「Tくん、さあ逃げよう」とか言って、そしてTくんを抱いてとっとことっとことドラマのようにして逃げる格好をしました。それを受けて男の先生が追いかけてくれたのね。そして「大変だー。逃げろ、逃げろー」とか言ってホールへ出ました。そうやってやっとホールへ出て奥のやぐらに入って隠れるわけ。でもそこに誰かが入って来ちゃう。「ほら、逃げろー」って言って、また、さらに存在、非存在ではなくて存在しながらみんなの中で身を守るっていうようなことをやるようになったんです。そのときは考えていたわけではないけれども、私はそれを陽気にやった。そのときに、Tくんは「ギャー、ギャー」ってね「逃げろー、逃げろー」っていうような感じの声をあげた。それがとても楽しくてそうやってるうちに若い男の先生の手にも掴まるようになった。はじめは若い男の先生なんてとんでもないっていう感じだったのがこの遊びによって人に対する心が広がったと思う。

M この経過を見ると、一番最初に受けたのは私で、そのうちに私がどういうわけだかもうTくんの所に留まれなくなった。それであなたがその後を受け、やがて若い男の先生が一緒にかかわることになった。そのことを考えても、こういう子どもの保育は一人ではやりきれなくて、ある程度長い期間にわたって何人かの人が臨機応変に、そのときに出会ったところで展開していくことが、保育の大事な点でしょう。

「主体的に歩く」から「主体的に生きる」へ

F 私はあなたが幼い子と付き合うのを見たり、何人かの親子と出会って、手のつなぎ方を見るようになりました。その中には子どもと大人との関係の在り方が見えるのです。幼い子の手首をがっちりと握って自由を奪うような手のつなぎ方もあります。もちろん道路に飛び出さないようにという配慮もあるでしょう。しかし、ある父親が足腰に不自由のある子が、ころびそうになりながらも自分で歩き始めたとき、「これだけ体が揺れるのだから、手をつないでしまったらこの子は自分らしく歩けないでしょうから、自由に歩かせてください」と言われたことは忘れられません。手をつないで歩くことが、その子を支えるつもりが、いつのまにか親も教師も、子どもの主体性を奪う恐れがあることに気付かされました。

Tくんのお母さんが、「じいじ先生の指」と言っていることも大切なことを指摘しているように思います。「手」ではなくて「指」と言うとき、こちらのパワーは十分の一になるのですね。パワーを抑え、大人の在り方について考えさせてもらいました。

M そのことがあのときもっと言いたいと思っていて話し足りなかったことだったと思います。

4 いろいろな歩き方の子どもとその心

F　歩くことが子どもにとって、特に幼い子どもにとって、生きること、存在することにつながっていると思うからもう少し考えてみましょう。今回はいろんな歩き方をした子どもたちに出会ったときのことを考えていきたいと思います。大人はそれにかかわりながら、この子たちはいまどんな心でいるのか、もし危機的状況ならどうやって自分の気持ちを立て直すか、など考える手がかりがこの中にあるのではないでしょうか。

●ジグザグに歩く

M　はじめて一人の男の子に出会ったとき、この子はちょっと歩いては立ち止まってまた元に戻り、また歩いては元に戻るという具合にジグザグに歩くことが私の目を引きました。きっと心の中に同じような動きがあるのではないかと私は思いました。そうやって園庭のこちらから向こう側にまで行きつ戻りつしながらジグザグに歩いていきました。それからしばらくして彼は園から外に出て行きたがりました。このときもちょっと足を踏み出しては元に戻り、賑やかな方に行こうとしてはまた戻りました。そして私も知らない細い道に歩いて行ってはまた戻り、坂の途中でちょっと立ち止まって腰を下ろして休み、それからまた立ち上がって歩いては戻り歩いては戻り、そうやってずいぶん長い時間を歩きました。帰ってくるとお母さんはとっても心配そうに待っていました。この人が外を歩くなんていうことは初めてで、そんなことはやっていいのか、またできるのかどうか、そういうことにお母さん自身が迷いを持っていると私は思いました。

F そのとき、その子は何歳でしたか。

M 多分幼稚部の五歳くらいでしょう。

F あなたはそれをどういうふうに考えたのでしょうか。

M 彼は非常に迷いの多い人だと思いました。私も一緒に少し歩いては立ち止まったり、また戻ったり、そういう具合に付き合っていました。ちょうど同じころにもうひとつこの子について私の目を引いたことは、あぐらをかいて床に座ってかなり長い時間絵本を見ているのだが、その時に絵の一部分を手で隠すのです。私はそれが何だかいまだによく分からないんだけれども。手でなくてものをそこに置いて隠すということもありました。

F それは自分の行こうとする所がはっきりしないとか、自分が何を見て自分の中に何を取り入れようかという、自信みたいなものが欠けていたととらえるのでしょうか。

M いや、そうではないように私はそれをとらえています。例えば外出して見通しのいいところに来ると、そこに立ち止まってじっと前方を見たり、横のほうを眺めたり、そうやってかなりあたりの景色を眺めていて、必ずしも自信がないというふうには見なかった。むしろどうしたらいいのかなっていう迷いの方が強かったと思う。

F その子はいつも車に乗せられて来ていましたけれど、家でも歩く経験が少なかったのかも知れませんね。私がお弁当を食べているところを見た時には、自分が多分気に入らないものを食べると、ちびっと食べて自分の見えない後へポンと捨てるということがあって、「ああ、この人は取り入れないものは見えない所にポンと捨てるんじゃないかな」って、そんなふうに思いました。歩くこととは結びつけては考えていなかったけれども。

M ジグザグに歩くときに私は今のように思ったので、そのジグザグを否定しないでそれに付き合って私も一緒にこっち行ったり、あっち行ったりしながら、彼にそれで良いんだよというふうなつもりで一緒に歩いた。このジグザグに歩くということはその子だけでなくてその後何人もの子どもについて出会いました。その度に私は「あー、この子はこの歩き方と同じような心の動きがあるんだな」と思って、それで良いんだよっというふうなつもりで歩きました。それからその子について、一か所にあぐらをかいて座ると今度は逆にもうどうしたってそこから動かないというようなときもありました。

●足音を立てて歩く

F ジグザグに歩く人もあれば、足音をバタバタたてて歩くことが特徴的な歩き方だった人もありますよね、G君でしたか、それについて話してください。

M G君は大きな靴を履いていて、というのはこの子は足が大きかったからでもありますが、革靴を履いていて、床を歩くときにバタバタ音をたてていました。私はしばらくの間は気づかなかったんですけれど、幼稚部の小さい子どもの部屋によく来て、彼が来ると靴の足音が大きいので、小さな子の中には怖がる子どもが何人もありました。G君が来ると「あー、困ったなあ。小さい子が怯えてしまうかもしれない」と思って、急いでG君のそばに行って「静かに歩こうね」なんて言ったんです。けれども、G君はそんなことはお構いなしに大きな靴音をたててバタバタバタバタというふうに歩きました。しばらくたってから気が付いたことは、G君は自分がいることをちゃんと認めてほしいと思って音をたててるんだな、ということです。G君は小さい時には普通の幼稚園に通っていて、途中で脳炎になってある時期から急激に言葉も出なくなり、理解力もぐっと減少して、それで幼稚園の先生も大人もその変わりようを見て非常にびっくりしたんです。ある部分は彼の記憶はしっかりと残っていました。それだけにG君のその様子を見ると、G君が大きな足音をたててバタバタと歩くということも、彼の何かそういう自分の中に残っている記憶と結び付けて「こんなことが僕は分かんなくなっちゃったんだ、どうしたらいいんだ、困ってるんだ、教えてよ」と言っているように思えるようになってきました。

F 何かを探しているように見えたことがありましたよね？

M そうです。大声をあげて走り回るんです。走りながら一緒に付いて走るだけで大変でした。走りながら絵本を手に取ってそれを投げるんです。また、自分の好きな絵本を破いて、それをぱーっとばらまいて、それからその絵本の切れ端を集めてくるという、そういうことを遊びとして何度もやるようになりました。そういう姿を見るうちに大きな足音を立てて歩くということも、私にはだんだん彼の考えの中にあることが分かってきたような気がします。それから一、二年後に彼は家で大きな発作を起こして死ぬんですけれども、そのしばらく前ころには、「どうしても外に行きたい」と言って、学校の玄関で私の手を引っ張るんですね。自分の行きたいと思われる方向があって、そっちに連れて行くんです。その行きたい方向は大概道が行き止まりになっているところなんです。行き止まりになっていることが分かっていながら彼はその道を走りました。そうやって何度か私は外に行くところを付き合ったけども、走るのも速いし、手を引くのも力が強いので困難が多かった。でもそれをやって「ああ、これで良かったんだな」っていうような満足感が私にもあったし、彼にもあったような気がしたんです。後になって彼が死んだとき、お父さんは「こうやって先生の手を引っ張って、どうしてもここへ行きたいというところに一緒につれて行く、それこそがあのときの一番大事な教育だったんですね」って、言ってくれました。せっかく外出したのにもう一度家に戻るということが何度もあったそうです。人はそれを「わがまま」というけれど、そういうときは、絵本の紙片を忘れていたとか、大人には簡単に分からない理由があるんですね。

F 本当にそうですよね。

●いつも走るように歩く

M いつも走る子どもっていうのも、長い年月の間には何人もいましたね。そういう子をいつも走ってると思って、あの子は走る子だってって言ってほっとくんじゃなくて、その子にしっかりと付いて、そういう時期には特にしっかりと付いて一緒に走ったり、そばにいると、その子は一緒にいる大人のことに気が付いて、そして動きが変わってきます。

F 走って移動する子どもについて言えば、移動だけがあって、本当の意味では歩いていないんじゃないかしら。歩くことに伴う周りを見たり、花の匂いを嗅いだり、食べ物の匂いを嗅いだり、一緒に歩く人の気持ちを察したりという、歩くことの中の一番大事な部分がスポッと抜けているように思うんです。そうやって長い時間かけて一緒に歩いてくれる人があることによって、歩くことの本質がちゃんとつかめてくるんじゃないかしら。

M そうですね。ただ走ってるというときには、もう走るということすら本人には意識されなくて、まるですっ飛んでいく、そこはすっとばして飛んでいくというような、そんな具合に思えるときがありますね。一緒にしっかりと付いて走って行くことによって、その途中ができていくんじゃないかしら。

F ああ、なるほどね。

元気な大人でなければ一緒に走れないというのではなく、疲れちゃったから一緒に立ち止まって、「ちょっと待っててよ」とか、持っていった水筒から「お茶を一緒に飲みましょうよ」ということを途中で大人が提案することがあるでしょう。そういうことも大事なんだなというふうに考えました。元気な屈強な人だけがそれに付き合って、どんなにやっても疲れないというのだったら、歩くことの本質に到達しないでただ移動だけに終わってしまうのではないかというま、気付きました。

M 確かにその通りで、「ちょっと待って、一緒に休もうよ、お水一緒に飲もうよ」そういうことが入ることによってその子との日常的な付き合いになるんですね。

●つま先で歩く

F 背伸びをして歩く子どもがいましたね。それについてあなたはどういうふうに考えていましたか？

M まだ幼稚園に上がらないくらい、二歳半か三歳のときだったけれども、つま先で歩く。ほとんどかかとを付けて歩くことがないくらい、いつもつま先で歩いているような姿がとても目を引きました。どうしてだろうということは分からなかったけれども、私はその子のそれがとっても何かかわいらしく、またその子としては悩みを持っているような気がして一緒に遊ぶことに努めたんです。足の裏を地に付けないんだから、足が地に付かない生き方をしているんじゃないか。多分そういうところがあったろうと思います。私がそんなふうなことをお母さんにしょっちゅう話し、「しっかりと足が地に付くのには、地に付いた生活の実感が必要なのでしょう」と話しながら、その子のつま先で歩くというかわいらしい姿をいつも心に留めながら遊んでいました。

F つま先立ちする女の子っていうのは小さなバレリーナたちがトゥシューズでつま先で立って踊ったりするときの姿だから、とっても素敵でもあるんでしょう。だからあの子も自分は素敵でありたいと思っていたんじゃないかと思いますが、ただベタベタ、ドスドスという歩き方ではなくて、スッスッとつま先立ちをして歩いて行くその姿を自分の中で想像しながら、あの子は生きていたのかもしれないと思います。

M あー、それも本当にあるかもしれないね。お兄ちゃんはいつも手づかみで、とってもワイルドな食べ方をする、それはお兄ちゃんの特徴だったと思う。そういう点ではバレリーナとは対照的な姿ですね。

あの女の子と遊ぶのは楽しいことでした。おままごとやなにかをして。

F うちの娘たちも成長期のある時期、トゥシューズが欲しいといって、クリスマスの前にあまり言うので「じゃあ、バレーを習うの？」って聞くと「バレーは習いたくない、ただトゥシューズが欲しい」と言って、友達と二人でトゥシューズをはいて背伸びをした姿で踊っていたことを思い出しました。

M そうそう。私も娘のトゥシューズを探して、暮れの町にいったことがありました。

F いま、いろんな歩き方をするということからトゥシューズまで発展していったんだけれども、いろんな歩き方に関わるのはいつも靴なんですよね。それでちょっと広がり過ぎるかもしれないけど、靴や歩き方について話してください。あなたはフロイトの本を読んでいましたね。

●フロイトの「グラディーヴァ」

M 歩くということが、ずっと頭にあったんですが、一体歩くということは人間にとって何なんだろう。歩くということをこうやってテーマとして取り上げることは何なんだろうと考えていたんです。フロイトの芸術論の中に「グラディーヴァ」という文芸論があります。それはイエンゼンの小説の中にある、イタリアのポンペイの火山で爆発して街全体が埋まってしまったその下から発掘された考古学の遺物の中に、素敵な若い女性のレリーフがあった。そのレリーフはひだのついたスカートをはいていて、その女性が歩く姿を石に刻み付けたその破片だったんです。片足はかかとを付けないで、つま先を垂直に立てて、もう片足は前方に踏み出している、その風変わりな美しい歩き方がすぐ目にとまるレリーフでした。イエンゼンはそのことをテーマにして、それをまたフロイトが解釈をしている非常に面白い作品です。それはイエンゼンのその小説の主人公が若い考古学者でそのレリーフに心を奪われて、幻想的に物語を進めていくという手法なんですが、彼自身が何でそれをテーマにしたかということを考えているうちに自分の幼児期の記憶の中に、隣のうちの素敵な女の子のことが思い出されてきて、その女の子は姓をベルトガングと言ったことに思い至った。ベルトガングと言うのはドイツ語で、良い足、良い歩き方、良い歩行、という意味で、その父親は動物学者だった。そのことから彼は歩くことの連想をして、自信を持って美しく歩くという、テーマと結び付けたんですね。フロイトがこのことを取り上げたことに私は興味をもちました。

F いや、大変面白いですよ。フロイトが幼児期の体験と歩き方ということを結びつけて考えたということが私自身も教えられてとても面白かったです。

M 歩き方はその人の生き方の表現だから、バタバタと音をたてて歩く子どももともいるし、また違う歩き方もあって、足音を聞いただけで私なら「あ、誰かな？」って思うのが、母親は「あっ、うちの子だ」ってすぐ分かるのが通常です。本当に十人十色の歩き方があって、それをよく見ていればそこから私どもが学ぶことがいっぱいある。普通にはそのところはわれわれの注意から抜けてしまうところなんだけれども、歩き方や足を見過ごさないで見ていくことによって、われわれの保育が面白いものになっていき、文化的ひろがりをもったものになる、そこが私の言いたいところです。

㊟フロイト著作集3『文化芸術論』W・イエンゼンの小説〝グラディーヴァ〟にみられる妄想と夢　6－80頁

第二章　手を使うこと

1 手を使うことの意味

F　前章まで足を使って歩くことを話し合ってきましたが、更に手を使うことに思いいたったとき、足と手の違いはどこかと考えました。足を使って歩くことは、それによって自分の世界が広がる、そして手を使うことは自分の世界が深まることじゃないかと思ったのです。それは今年の夏、孫の赤ん坊がうちに来ていて、一月半以上いました。その間に赤ん坊の世界がだんだん明瞭になるにしたがって手を使うってことがはっきりしてきました。そこのプロセスを見ながら私の感じたことなんです。そして以前に出会った障碍をもつ子どもたちの手を使うことと成長とに思いが広がりました。

●手の機能は周囲の世界に対する感動から開かれる

M　見たものを手でつかむというのは赤ん坊の発達の上で非常に顕著なことです。それをよく見ていると手でつかむ前に赤ん坊は何かをじっと見つめているということがあります。手を使う前に赤ん坊は何かに関心と興味をもつ。それは赤ん坊なりに心の中に何かイメージを持っているんじゃないかと私は思うんです。それが何か光るものだったり、あるいは動くものだったり、それぞれの場合によって違うでしょうけれども、関心をもった物に手で触れようという気持ちが最初に出てきます。以前、私は目に見えた行動上の発達しか気にとまらなかったけれど、また新しく朝も晩も赤ん坊と一緒に生活してみると、さまざまの関心、興味が赤ん坊の中にあって「手を触れる」ことが出てくるのだということが分かりました。

F ええ。小さな赤ん坊が八ヶ月になったときに、ジーッとなにかを動かずに見ているので、これはどうしたのかしらと思って心配になって後ろから顔をのぞき込んでみたら、その子は窓から差し込む木漏れ日がちらちらと揺れるのを陶然と見ていました。私がのぞき込むと、赤ん坊のほうがはにかんだような「このちらちらするものはなんなの?」っていうように、私のほうに承認を求めるような顔をして、振り返ったんですよ。それで私は、この子に共感するように、「きれいねー」って言いました。「あれが光というもの」「ほんとにきれいねえ。そうやって見ていてよかったねえ」っていうような思いを込めてそう言ったら、赤ん坊がニコッと私のほうを向いてほっとしたような顔して笑いました。それで、これは新しくこの子の目に映った、何か心にイメージしたもの、それをつかむことはできないものなんだけれども、確かに心を動かされていました。その時はお座りをして見ていたんです。

M あなたのその話を聞いたときにね、私はすぐに乳児の古典的な発達研究のティーデマンの育児観察記録を思い出しました。それは嵐の後の黒い雲の隙間から一筋の光がすっと差してきたときに、その赤ん坊は感激してそれを眺めた。見ることと感動とが、伴っていることがその古典的な観察研究の中にあった。これについては私が『子どもの世界をどうみるか』の中に書きました。

F 孫が生後十ヶ月になって、昨日うちへきたときに、その赤ん坊が台所の壁にちらちらと光る木漏れ日を見て、片手でつかまり立ちして、もう一方の手で木漏れ日を探っているのを見ました。自信をもって得意そうにやっていました。もう以前の呆然としたような感激より一歩進んで、何かにつかまって光を捕らえようとしている。同じ木漏れ日を見ても一、二ヶ月経てばもうこんなに変わるんだと思いました。

M そうなったときの赤ん坊は今度は見たものを何でもつかんで引きずり出す、引っ張る。そういうことが次々にもう数え切れないくらいあるもんだから、親は目を離せないで追っかけて回っているような状態です。そして食べるものにも手を出すからそれまでは離乳食だっていって大事にして食べさせてもらっていたのが、もうそれじゃ待ちきれなくなってそのスプーンに手を出し、食べ物自体に手を出して、親が音を上げるというようなことになるんですね。

手を使うことは自我の発生につながる

M　愛育で保育していると自分でものを食べるというようなことは、まだ到底できないような子どもが何人もいます。その子どもたちのことを思い浮かべると、いつもバギーに乗っていたり車椅子に乗っていたり。車椅子に乗りながらある子どもは手すりを触ったり、握ったりしている。それを見て私はこれを大事にしなくてはと思いました。たまたま食事のときにご飯に子どもが手を触れたときに、私はそれは「握る」チャンスだと思ってやらせてあげようとした。ところが、大抵のお母さんはそれはやらせてあげない。そのことがどんなに大事なことかをお母さんと話し合いながら、長い時間かかって子どもが手を使い始めたとき、一歩先にいったように思いました。お母さんの気持ち、考え方とのやり取りの中ですることだから、こちらが主張して無理に進めることはできません。

F　手を使わないで人にやってもらうことはどう考えたらいいのでしょう？

M　その子どもの世界では自分に属するものがはっきりしない状態じゃないかと思う。霧の中のようであって、あるものが自分に属するものか、他に属するものかっていうその境目がはっきりしないのでしょう。それが手で掴むことによって、自分のものになる。これは一般論になってしまうかもしれないけれども、自分の手を使うことによって自分の世界に属するものができてくる。

F　それは大事なことですね。そしてまた手放すということが次の段階として出てくるのですから。

M それで先ほどの、いまうちにいる赤ん坊を見ていると、いろいろなものに関心が出てきて捕まえて、捕まえるとそれを引っ張る、引っ張るというのは自分のほうに引っ張る。非常に原初的な自分というものの発生と言えるんじゃないだろうか。

F ああ、なるほどね。おぼろげな世界にまだ生きていて車椅子やバギーに乗って登園してきた子どもたちについて言うならば、まだそこまで開けていなくて、霧の中のようって言われたけれども、霧の中にいてまだ自分というものを意識していない。快不快の感覚でしか意識していないときにみんなの中に登園してくるわけですね。バギーに乗っていたI君は、卒業が近付いたある日、私がそのバギーを押していたら、他の子が羨ましくなってその子の上からもう一人座ってしまいました。そして二人になって、初めはそれでもあまり感情を表現しなかったのに、そのうちに前の子が邪魔になったらしくI君が自分の手でその子を押し出して、追い払ってしまったっていうのを見ていて、ああ、子ども同士で遊ぶ中ではこういうことも出てくるのかと感動しました。

M 前に、手に持ったものを自分のほうに引き寄せることが、自我の発生の根本だと言ったけれども、手に持ったものを自分のほうに引き寄せるのではなくて逆の方向に押し出すこともまた自我でしょう。

F そうですね。自分で選択ができるんだから。この物は自分のほうへ引き寄せるが、何でもかんでも引き寄せたいわけじゃなくて、やがて選択してこれは自分の世界に入ってきちゃ困るとか、これは自分の世界には取り入れたいとかっていうことがいろいろ出てくるのでしょう。これこそが自我の発生につながるのですね。

●全身の機能を開く手　―つかまり立ちに見る

M 愛育を卒業して若者となったI君は、青年たちのグループに来ていて、いま好調なんですね。先日窓枠につかまってじっとこちらを見ているI君を見て、あれはだれかしらと、遠くからではI君と分からなかったくらい、本当に驚きました。

F ああ、そう。立って歩けるようになったのですか？

M 自分で歩くってわけじゃないけれども立ってつかまって歩くことはもうかなり自由自在ね。そんなことは以前には考えられもしなかった。

F だからつかまるっていうことが本当に大事なのですね。

M そう。つかまることが基本だからね。

F 最近、お母さんと電話で話したとき、I君は腰高の窓につかまって自分で膝立ちをして外を眺めるのを楽しんでいるそうです。青年部では調理実習で、包丁を持ってご馳走を作ったり、お皿を洗ったりもするそうです。手でつかまることから世界がずっと広がって、生活の質が豊かになったのですね。

M いま、うちの赤ん坊は手で食卓のへりにつかまって移動することを苦心しながらやっている。足が交差してしまったり、両足で踏ん張って立てなくても手の力が助けとなっている。赤ん坊も自分らしく生きることを頑張っているのだと思いました。

F　I君は物や道具につかまるよりも、人につかまるほうが好きで安心するそうです。それでお母さんが腕を横にして出すと、それにつかまって立つようになったと話してくれました。本当に人に対する信頼感を育てることが大切なのが分かりますね。

M　手の機能だけから言うと、愛育の子どもの何人かは行動は単純に見えても、内面の複雑さや繊細さは、赤ん坊とは比べものにならないものがあります。

F　I君は手のひらが非常に敏感で、こんなに手を使うようになっても食事はお母さんに食べさせてもらっているそうです。これはいろんな子に見られることですが、どう考えたらいいのでしょう。

M　私はなんとかしてI君にいろいろな触覚を経験させたいと思い、以前に砂場につれていって座らせることを試みたことがありました。手を使わない子どもは逆に言うとベトベトした触覚に対して非常に敏感な子どもだということを頭に置く必要があるということが分かって来ました。どこまでもその子の感覚を尊重し、それを表現できるようにすることが大切です。その表現の仕方が大人の考えや趣味に合わなくても、その子のやり方をゆるし、その子が上向きに生きて行けるようにするのが保育です。

F　そのデリケートさと自尊心を認めて、自分からやり始める日を待つのですね。

2 手が表現するもの

●手を使い始めたドラマ

F　この前津守眞が「どこまでもその子の感覚を尊重し、それを表現できるようにすることが大切」と言っていましたが、それをもっと深めたいと考えて手が表現するものを手がかりに話し合うことにしましょう。

M　私は保育の中で子どもが身体で表現しているものが何かということを見ていきたいと思っています。手が子どもの心の中にあるものを表現していることを保育の中で気が付いてきました。

F　以前から『表現と理解』ということをよく話していたと思うのですが。

M　それは私の保育の実践にあたっての非常に重要な視点だったんです。心の表現であると考えたときに、この行動はそのときのどういう心を表しているのかを私はいつも考えていました。あるときひとりの子どもが指を小さく動かして、―こういう指先の動きというのは言葉で説明するのが非常に難しいのだけれども、―斜面を滑り降りるかのような動作を指先で示しているときがありました。で、そのときにF先生がビニールテープをもってきました。その場面を私は忘れることができないんです。F先生はビニールテープを子どもの肩の高さぐらいのところから、スゥッとこう伸ばして斜面にして、床にそれを貼り付けました。あなた、そのときのこと話しますか？

F　この子は歩けるけれども自分では歩かずに、自分の大事な宝物を自分が手に持ったままお母さんに抱かれていて、何から何までお母さんにやってもらって、自分の手はほとんど使わない子だったんです。だから、何でこんなに手を使わないの？どうしてお母さんはそんなにやってあげちゃうの？ということがとても保育の中で私の心にひっかかっていたんです。そのときその子が前日に斜面を滑り降りる他の子どもを見上げていた姿を覚えていたので、その子が人差し指と中指で歩くような手つきをしたとき、「あ、この子も斜面を滑り降りたい気持ちがあるのかな」と思ってビニールテープで斜面を作ってあげた。その手のわずかな動きに対して私が心を動かされて、こんなのを作ったらこの子はどう展開させるだろうかって、そんな気持ちでやったんです。そしてその子はどうしたんでしたっけ。あなたが注目したほど保育の中の私は結果を考えていませんでした。

M　私はあのときに、あの子が人差し指と中指を交互に動かして、ビニールテープをじっと見つめていた光景を、今もはっきり覚えています。そして指先で斜面を降りる動作をしたんです。その日は、そのビニールテープを、家まで持って帰ったんです。

F　あの子はベタベタするものは嫌いだったんですね。だからもしかしたらビニールテープのベタベタがあの子の拒否反応にあったかもしれないけれど、そうではなくて、私のやったことを受け取って楽しくその日を過ごすことができました。

M　その次の日か、あるいはさら次の次の日かに、もう一つ私が忘れることができないことは、手をこう握ってこぶしのようにして、その指と指の間から親指の先をチョロッと出していたことなんです。

F あの子はここに来た初めからそういう手をしていましたよ。初めはそんなに気にならなかったけれども、「手は使わないでギュッと握っている」と思って手に注目したときに指の間から親指がチョロッと顔を出している。それは自分を隠している臆病な動物がちょっと外をのぞいているような姿にも見えたし、また大地の中から新しい芽が萌え出るときのようにも見えたのです。だから、この子は自分自身というものがいま芽生え始めたようで、この子のこれからに希望をもったんです。保育の中でそれがどう展開するかは分からないけれども、色々働きかけていいと思っていました。繊細さもあるけれどあまり遠慮し過ぎないで、周りを整えてあげよう。それをこの子は拒否しないだろうと私は思ったんです。

M それからしばらく後のことですが、この子が手を紙の上に乗せてクレヨンで手をなぞっていたことがありました。それはお母さんが「こんなことをしたら」と言って最初やってたと思うけれど、それをF先生がはさみで切り抜いたんですね。そうしたらその子はとっても嬉しそうにそれを眺めていた。F先生はそれを更に袖口につけてあげたら、彼はその紙の手が取れると自分で持って、今度はわざと自分で落として、またF先生がつけてあげると喜んで見ていて、またそれが取れるとそれをわざと自分で落としてというように、画用紙の手を自分で操作して手から離したりまた手に持ったりということを繰り返していた。そのころからその子はご飯も自分の手で食べるようになり、自分の手を使うことが顕著に出てきたような気がします。

手の表現するもの

F 私はそのF先生なわけだけれども、F先生としていうならば、確かにその場面は記憶しているけれども特別なこととしてやったわけじゃないんです。自分の手をお母さんに型どってもらっていた、それを切り抜いたらもっと手らしくなるだろうし、それを上着の袖口につけてあげたらもう一本手ができるじゃないかという、いたずら心というか一歩踏み込んだ気持ちでつけてあげたのです。でもそれは嫌がられる可能性もあるわけだし、そんなことをする私自身が、嫌われる可能性もある。でも私がこの子には、ちょっと一歩踏み込んで大丈夫だなって思えたのは一緒にその場を共有している保育者の直感のようなものかと思います。この子にはなにか生命力があるって私は思ったんですね。

M 私はそれがとっても面白くてね、その子はその紙の「手」を手に持って、かなり長い時間遊びました。手で遊ぶっていうことが、あたかも自分の手を使うっていうことと重なり合って、それまでこの子は自分の手を使うことが少なかったからそれでこの切り抜いた手を自分の手で遊ぶというのは、とても面白い保育だと思った。

F そう言われると嬉しいけれども、それより私は、言葉を話さないし、表情も少ない子どもの中からこぼれ出した表現が手だということを、私の意識に上らせて考えることができたのです。手はうそをつかないような気がします。表情は、うそがつけるんですよ。悲しくても笑うとか、大人もやることだけれども、手はうそをつかないから、全身で触れている保育者は手が語っていることに敏感になることが大切なのだと気がついたのです。

M　いま手のことに焦点を当てているけれど、開くようになったのは手だけのことではなくて全身のことです。そのころこの子は全身でホールの中を走りまわりました。音楽に合わせて実習生や他の先生も一緒に走りまわることがとても楽しくなっていました。私も一緒にピアノを弾いたりしましたが、この子は本当に楽しそうに口をあけて笑って、体中が開いていったような気がします。その中の一つがこの手に、象徴されているのではないでしょうか。

小さな動きを見るということで話が進んでいますが、これは保育全体のことです。保育の中で手とか指先を見逃さないように気を付けて見ることが、次の展開のきっかけになることがあると考えるのです。

F　話しているうちに、手は無意識の言葉を語っているのだと思いました。この子のお母さんは幼児期にこの子の代わりとなって尽くしていて、ちょっとやり過ぎかと初めは思うくらいやっていたけれども、そのことがまた次への展開を引き出したんですね。きっとこの子の中にお母さんによって育てられた生命力が花開くときが用意されていたのだと思います。

3 さまざまな手に出会って

●手が空回りするとき

F　別のひとりの子どもの話になりますが、お母さんが私に対して、「この子はこんなこともできない、あんなこともできない」って子どものことを言っているそばで、その子は、両手をクルクルクルクルクル動かすんです。あなたがそれを「手が空回りしている」って言われたけれど。大人の期待に添い得ないときの子どもの手の動きというのはそのようになるのでしょうか？

M　いまのその子が、「いーとー巻き巻き」の遊び歌のように手をクルクル回しているのをお母さんはあんまり喜ばなかったんですね。変なことをするって言って。私はそれを見ていて、変なこととは考えられなかった。その子の手はなにかをしっかりと握るのでもないし、掴むのでもないし、その手で何かをするのでもなく、何かをしたいけれども空回りしているように見えた。それがシャボン玉遊びというところに気持ちが決まったときに、もう手のクルクル回す動きがなくなって、シャボン玉を膨らましてはこわれ、こわれては膨らますということをやって、とても面白く遊んだんだと思いますね。お母さんはそのことに気が付かなかったし、子どもにとって大切なこととは思わなかった。お母さんが変なことというふうに考えたときに、その子の周りでお母さん自身が空回りしているようなそんな印象を受けますね。

F　でもね、そういう気持ちになるのも分かるような気がするのです。お母さんだけではなくて保育者だって、あの子はあんなことしている子だって、言いたくなりますよ。

その時、私もシャボン玉を室内でやって、風のない部屋の中のじゅうたんの上に落ちたのがなかなか割れないのを、あの子がじーっと割れるまで見ている、そのながーい時間その子は全く手を回すことをしない。シャボン玉というのは息を吸ったり吐いたりするだけで、美しいシャボン玉ができて、そうやって存在することが肯定されたっていうふうに、私に見えました。そこでやっとこの子の手の空回りは終わったんだと思いました。

M その子の手の空回りを、変なことをしてると保育者が見なくなるときに、保育者自身もまた自分が空回りをしているときがあると気づくのです。そのことに気づくと子どもの手の動きも変なというふうには見えなくなります。

F 保育者も親も気になる変な行動を、今日はやらなかった。今日はやったなんていうふうには見なくて、もう忘れてしまう。

M ああ、そう、本当。

F そして振り返ってみてね、「あれ、いつの間にやめたの」というように気が付く。だから何月何日にやめたと特定できない。それがあり保育というものではないかしら。

M つまり保育者も自分が空回りすることがあるけれど、そのことをそんなにはっきり意識には上らせない。保育者は体の中で気が付いても、それは忘れてしまって次に進んでいる。だから私は、いつも子どもも大人も上向きに前進するようなそういう生き方をするっていうことが、保育のとても大事なことなんじゃないかなと思うのです。

F　自分が否定されたと感じている子どもの中には、とても変わった複雑な行動をする子もいますが、それについては保育者や親はどうしたらいいのでしょう。

M　複雑なと言われたその最中にも、保育者は自分の中の子どもや親を否定したくなる心を、ちょっとストップさせて、自分ももう一つ上向きにその子と一緒にその瞬間を過ごそうとする。大変細かな話だけれども、その細かなところに保育者の大切なところがあるのです。

F　そうですね。保育者は子どものことも親のことも見ている。でも子どものことは誰もが愛しているから、どちらかというと、親に対してきつくなることが難しいことなんです。

M　本当にそれは保育の最中のね、ごく小さなきっかけのところです。この親だから子どもがこうなる、という固定した考えにはまらないで、ちょっと踏みとどまって自分もそのときを、さらっと明るく過ごそうとする。それが保育というものでしょう。

自分の手を砂に埋める

F　複雑な表現について、あなたが最前線で保育していたとき、記憶に残っていることは何ですか。

M　すぐにそれで思い出すのは手を砂の中にうずめた子どものことです。その子は自分で言葉で表現する子どもではなかった。ある日、私と一緒に公園に行ったときのことです。木々の間を風が吹いていて、小鳥がさえずっていて、とても素敵な隣の公園なんです。そこで自然の中で自然と一体になってその子はとてもいい時間を一時間ぐらい過ごしました。そのときに、ちょうどどこかの幼稚園帰りのお母さんと子どもがどやどやとその場所に来ました。そしていろいろおしゃべりを始めました。うちの子はこれだけ字が書けるようになったとか、うちの子はこんなことやった、あんなことやったというお母さんの自慢話だったんですね。その子はそれをずっと聞いていて、突然さっとそこから駆け出して立ち去りました。そしてこぶしで自分の頭を何回も何回もたたき始めました。私はその子に寄り添って、公園の静けさの中で、「あなたは言葉は話さないけれども、とってもいろんなことを考えていて、あなたはとても素敵ですね」って話しました。

そしたらその子は自分の手を砂の中に突っ込んでその手に砂をいっぱいかけた。両手をうずめたんです。で、私が一緒にその砂の中に手を突っ込みました。指先が子どもの指先とふっと触って、その子は私の指先をちょっと触ることが嬉しくて、そうやっている間にその子はとても穏やかになってにこっと笑いました。私はそのときにその子の手の指先を、いとおしく思いました。この指先にこの子が、社会の中で自分ができない、やれない、そして他人から変に思われているという、そういう思いになったときに、自分が悪いんだ、そんな思いになったとき、最初は自分で頭を殴ってたんだけれど、それから次には手を人の目から見えないようにして、いわば恥ずかしい自分を土の中にうずめてしまったような、私はそんなふうに思ったんです。

それでその子と一緒に私も手を入れたときに、その子はその思いを分かってもらったっていう気がしたのじゃないかしら。それはそのとき一回だけじゃなくて何回もそういうときがあったんです。

F その子の中にある悲しさと上向きに生きようとするものが、伝わってきますね。

M そういう公園の中で、お母さんたちが話しているときにその子は、自分の頭をたたくだけではなくってね、キーッとか、大きな声を張り上げる。

F もうやめてくれっていう叫びなのでしょうね。

M そうするとたんに周りの大人たちは、またキッと振り向いて、この声はなんだというような、そういう雰囲気になるんですね。そうするとそのそばにいる私も周りから一緒になって変に見られているような気になって、もう本当に居心地が悪くなってしまう。早く学校につれて帰りたいっていうような気になる。

でもその子は学校には帰らないでその手をうずめる、そして私と一緒に気持ちの上のやり取りをして、そこにとどまっていたんですね。それから何回か、いろんな公園に行ったときにもそういうことがあって、そのたびに私はいたたまれない思いになりながら小さくなって、「ああ、この子は今日はこんなに叫びませんように」とか、そんなことを心の中で願いながら、行ったときもありました。だけどいま考えると、私がそんな思いを持って一緒に行くときはやっぱりその子はそんなに楽しくなかったでしょうね。こっちも腹を据えて、その子が居心地よく過ごしたことは何度も何度もあって、それは楽しい思い出でもあります。

F そうやって手をうずめてることは、自分自身を消すことと言っていいのかしら。

M そう言っていいんだと思う、それは。

F そうするとガンガン自分を殴ったりすることも、よく自傷行為なんていうけれども……ああいうことも自分の存在を否定してるような気持ちなのでしょうか。

M もうそれはね、こうやってつきあっていって明らかですね。そうやって手をうずめて遊んでいるときには、自分の手で顔をたたくことはやらないのです。それは私は決して、因果関係では考えません。そのことを人との間のお互いの分かり合い、慰め合いと考えます。そうやって一緒に過ごすということになってくるのだと私は思っています。

F じゃあ、表現を育てることは、表現を受け取ることから始まるのかしら。その子の小さな表現をも受け取って、それを肯定する。

M それはその通りですね、その子がそうやって、自分の苦しみなり悲しみなり悩みなりを表現しているんだから、それがその子のそのときの生き方なんだから、受け取るよりほかない。一緒にいる仕方っていうのは他にないんじゃないかと私は思う。

F そうですね。

M それがその子のそのときの生き方なんだからね。その子の生き方を受け取って、そして一緒にそれを共感するって言ってしまうとなんだか平ったくなるけれど、あるときは一緒に悲しくなったり、一緒に怒ってみたりね。それから一緒に土の中にもぐりたいような恥ずかしい気持ちになってみたり、そういうのが保育っていうことじゃないかということを、この子どもとの付き合いからとても学びました。

それでね、このことは決して、障碍をもつ子どもだけのことじゃないってことを付け加えておきたいと思います。私は長いことお茶の水女子大学の附属幼稚園に通っていましたが、子どもが手をうずめるということに何度も出会いました。ある場合にはもっとはっきりとそれが見られるときがあって、先生から叱られたときに、それも大して叱られたっていうわけじゃないのにその子にとっては叱られたと響き、その子は自分が遊んでいたシャベルを土の中にうずめた。それで私が「あれ、ここに何があるんだ?」と言うとその子はうずめたシャベルを手でたたいて「ほら、あった」と言ってシャベルを出してくる。で、またうずめて、またたたいて「ほら、あった」。先生から叱られた後の後ろめたい自分をうずめてるんだ、ということに何度も向き合って、そうするうちに遊びをすることによってその子はその後ろめたさから解放されて、その子はさらに先に進んでいくことができたんだということを経験しました。障碍をもつ子どもたちの場合にはそんなに簡単にその気持ちが解消したとはならなくて、それがかなりとどまっていて、それをとどめながら今度は、保育者である自分自身が、どうやって立ち上がって本当に上向きになってその先を一緒にやっていくかっていうところにまで自分をこなしていくかってことが、障碍をもつ子どもの保育の、非常にありがたい点でもあり、また非常に難しい点でもありね、また人に対して説明のしにくいところでもありますね。保育の中で学ぶこと、非常に大きなことですね。

F 分かりました。

4 手を使うこと・遊び、描き、造る

手が使えるようになることとは、生活が便利になるだけではありません。手は心に感得している混沌とした自分自身の思いを、外に表す働きをするのではないかと気付きます。子どもたちは手を使う遊びを通して自分の思いを表現出来、それによって大人に分かってもらうことを知り、やがてものを描いたり造ったりする造形へと広がっていきます。

●本気で遊ぶ幼い子

F 今日遊びに来た一歳五ヶ月の孫をあなたは随分長い時間、ノートをそばにおいて見ていたけれど、その時の感想を聞かせて下さい。

M 車の大好きなこの子は、長い時間座りこんで車の広告を切り抜いてもらっていました。それを一つずつ手にとってながめていたのです。そ前にも話したように、手に持つことによってそのものは自分に属するものとなり、手に持つことによって心の中で動きはじめます。自動車を一つ一つ手に持って動かすとき子どもの心にはさまざまな光景が行き来しているのではないでしょうか。前に造ってもらった段ボール箱の車を引きずって来ました。それは母親が造ったもので、子どもが自分でマジックペンでグルグルと描いてある。我ながらよくできたと言うように鑑賞して車に乗ってワッフルを食べ、それから手を大きく動かして車にマジックペンでまたいろいろな線を描きました。

書かれたこと以上にもう、その情景が目に浮

かぶんです。

F そう、あの熱気ね。

M 全身で描いていて、手はそのエネルギーが凝縮して先端からほとばしるように見えましたよ。

私は字で書いたけれど、幼い子が全身で描いている姿を文字では伝え切れないと思いました。だから、幼い子や言葉のない子は本気で遊ぶことが大事な表現になるのでしょう。

●子どもの遊びの中にアートがある

M 大きな段ボール箱は安定もよくマジックペンとよく合うようですね。

F 愛育養護学校でもいろいろな材料を出しているようですが……。

M お天気の日に庭に絵の具の道具を出したり、特別大きな紙を出したり、粘土の場を造ったり、工夫をしています。描くものもクレヨンやマジックペンやサインペンなどその子の好みや手の力にもよるでしょう。

子どもたちの手で造りたい気持ちを引き出すように、心を使いながら場所を用意し、材料を用意する。そんな先生がいて、子どもたちは遊びとアートの両方に跨ったようなところを生きることになるのでしょう。

子どもの心の内側にあるまだ形をなさない茫漠としたものが、いろいろな素材に出会って共鳴し、うごきだすような感じがする。形になりにくいけれども心の思いを表現しやすい水とか土とかにずーっと惹かれる子もいる。そのことはどの子も共通するものがあると言えますね。

F 本当にそうですね。

水たまりにどうしてもはいりたかったり、水たまりに映る青い空や、自分の顔に見とれたり、子どもが心を惹かれるものは形にならなくても、アートの心があるのだと私も考えてきました。

M 子どものときから本気で遊ぶ生活がどの子にとっても大事ですね。

●心の枠をはずすこと

F 子どもによっては自分を縛る枠を強くもっている子もいますが、それをどのように考えたらいいのでしょう。

M 子どもを縛る枠には、自分自身の中にあるものと、外側から子どもに向けてこうであって欲しいという親や先生などからの眼差しがあります。外の枠が強いと内の枠も強くなって子どもが自信がもてなくなって、自己表現ができなくなる。手を使って描いたり、ものを造る事も難しいでしょう。まず、自分に自信をもつようになることが大事かと思います。

F そういえば、はじめのうちクレヨンを折ったり砂に埋めたりして手を使うことを拒否する子がいて驚きました。大人から期待されてもどうせぼくにはできないよとあきらめている子どもの訴えかと思いました。『やらないということをやっている』とあなたに言われたことは、子どもを理解するうえで大切なことを学びました。やらされると感じたとき拒否する力があるのは一つの成長のステップと考えられますね。

M 命令や指示で子どもを動かすのではなく、この人といれば安心だという大人に対する信頼感や、この場はほっとできるというリラックスした気持ちの中で、周囲にいる大人や子どもが「なにかやっている」おもしろそうだというわくわくした気持ちになるのでしょう。

形に成らないものをもっと大切にしたいですね。長い年月かかってあのころなんだか分からないけれどやっていたことが、こういう意味があったのかと発見することがしばしばあります。

たとえば、一人の男の子は、幼児期に箱が大好きで職員室や教材室から集めたり、ゴミ集積所から取って来たり、母親も保育者も本当に困りました。後にその子は自分で蓋付きの美しい箱を作るようになりました。また小学生のころ、ビニールのストローで輪っかを造って遊んでいた男の子も今は青年となって、紙粘土の円盤にいろいろのビニールを埋めこんで次々と造っています。作品は同じように見えるけれど少しずつ変化しているのです。繊細でちょっと臆病なこの人の変化の仕方を、作品の中から私たちは感じ取っています。

F そう、その時にはもう青年期に成っていますが、青年となった人たちの造形は興味深いものがありますね。

小さな造形教室を開く

M 青年となった人たちが、集まって描いたり造ったりする場ができたらいいと思い始めたのはそれぞれに大人となって作業所に通いだしたころだったかしら。

F 高等部に通ったり、作業所に行き始めたころかと思います。もう愛育は卒業して大人として働くけれど生活のすべてが働くことになってしまうのでは寂しい気がする、とお母さんたちが考えたし、みんなも考えていました。
心の枠を取り払う時が必要なのは青年となって働き始めても同じです。

M いや、もっと必要かも知れない。生活の広がりや楽しみを用意するのは、この人たちだけではできにくい。愛育養護学校で美術(アート)を担当していたうちの娘が中心になってやることになりました。さきに話した孫の母親です。

F ちょうどそのころ、うちでは子どもたちが独立して家を出て行くころでした。割に広い子ども部屋が空いたのでそこを使って、と簡単に決めてしまいましたが、それから十年も続くとは思っていませんでした。月一回ですがみんなの興味をひくような材料を用意し、場をもり立ててくれる人がいたからできたのです。

この年齢になると描いたり造ったりが好きな人が、一人ではなく集まってやることがとても楽しいようなのです。教える人ではなく一緒にやる人がいて、少人数の集まりです。
今では障碍をもつ子の趣味の活動の場はいろいろな所にできています。

5 手放さないということ

F 今日、私たち二人でS君とその仲間のお母さんたち三人で始めた小さなパン屋さんに行ってきました。本当に小さなかわいいお店でその奥のほうで、仲間たちが集まってパンを作ったり、お店にでたりボランティアの人に助けられ、お母さんたちに支えられてみんなで楽しくやっていました。S君の小さいときのことを私たちは非常に印象深く思っていたので、そのこともお母さんにたずねてみたいと思っていました。

『水遊びのS君』は、今、洗い物を一手に引き受けて

M 青年たちが働いているパン屋さんは明るくて清潔でみんなニコニコ笑いながらやっていました。小さいときのS君のことを考えると、彼は愛育養護学校の時代には長い間裏庭で水遊びに専念していたのでパン屋さんで何かをやるということには、いったい彼はそこの何の面白さに惹かれているんだろうということは私は非常に興味をもっていたんです。そのパン屋さんで、エプロンをかけ、帽子をかぶってかいがいしく山のように出てくる洗い物をしていました。

F 幼児期から学童期にかけて水遊びの好きなSくんが洗い物をやっていることに私は感動しました。

M そのパン屋さんの壁には最近S君が絵の具で描いた水彩画が貼ってありました。それは黄色と緑と青の淡い色の抽象画のようで、まるで私は彼が水遊びをやっていたときの「水のイ

メージ」だと思ったんです。そしてそこから思い起こして考えたんだけど、S君は確か二歳半から三歳くらいのときから来ていたんですが、その小さい頃彼は絵を描いていたんです。それは壁に腕をいっぱいに伸ばして描くような大きな絵で、水平線と垂直線をまず描いて、そしてそこに渦巻きをグルグルと描いた、そういう幾何学的な絵を描いていたんです。そういう絵はいまは描いていない。

F そう、垂直線と水平線とそれから渦巻きと、対角線を必ずつけて定規で引いたようにきちんとしたものを描く人だったんです。だけどそのうちに遊びの中で絵の具のチューブをギューッとしぼり出して、それが水でにじむのをとても楽しんで、流しの底をいっぱいに画面みたいに使って、いろんな色がにじんでいくのをやっていて、今日また新しい絵を見て「ああ、なるほど」と思って興味深く思いました。

M 何か枠にしばられていたのから解放されたのかもしれませんね。絵の具のチューブを徹底的に最後までしぼり出すんです。もったいないと思うんだけど、それを最後までしぼり出してしまう子が、この学校にはいつの時期にもいるんですよね。そんな子どもの一人だった。

遊びの中で物質のイメージを手で追求したS君

F 今日お母さんと話してた卵の話をちょっと話してください。

M 来始めたころの話なんだけど、家で夏休みに風呂で水遊びをしたとき、水の中に卵を割って、卵がずーっと沈んでいくのを手ですくい上

げ、壊さないようにして、また水の中へ戻して
また沈んでいくのをすくい上げるって、お母さ
んは話していました。

M 私もS君がその黄身をすくい出すというこ
とを実に不思議だと思い、その手の使い方のそ
の技術ってのは、私なんかにはとてもできない
大したもんでした。S君は手をよく使う人だっ
たからって言ったら、お母さんは「そう、この
人は小さい時から手が器用だ」って言いました。

F そうそう、お母さんは、「指先がとても利
くんですよね」って言って、だからホースで水
遊びをしたときにホースの先をぎゅっと握って
細く勢いよく水が出るようにしたり、太くして
やったり、遠くへ飛ばしたり、いろんな飛ばし
方があって、その物質のイメージをとても楽し
んでいた。そのこととの延長線上に今日の洗うっ
ていうことがあるんでしょうね。

M 水遊びの時期が長くって、本当に水遊びし
かやらないという思いを大人に抱かせるような
やり方だったんですね。心の中にはいろんなも
のをたくさん抱えてる子どもだということは、
じきに分かってきて、それからその水遊びも注
意してこちらがその気になって見ていると、や
り方は毎日毎日違っているということも分かっ
てきました。でも外から見ていると同じ水遊び
としか見えない。

F 付き合う人にとっては、何も形にならない
とき、それはどういう意味があるんだろうかっ
ていう疑問が起こって、保育者たちも親たちも
本当にだんだんと苦痛になってくるんですね。

M その初期のころ、まだ三歳か四歳くらいの
とき、お弁当のときにお茶を入れたポットを一

つ取ったら軽い、もう一つを別の手で取ったら重い。軽い方のふたを開けたら空っぽだった。重い方のふたを開けていっぱい入ってるそのお茶を空のポットに注いだ。全部入れるとまた空になった方にお茶を注ぐ。それを何度も何度も繰り返しているうちに小さい子どものことだからだんだんにお茶が減ってしまってついになくなってしまって、床が水浸しになる。毎日お弁当のたびにね、そういうことを繰り返していたんです。それからもうひとつ、私が忘れられないのは、お人形が好きだったこと。ある一人の職員がお人形を描いたら一瞬ぱっと目が光って、そのお人形の紙を手から離さなかった。孤独と見えるくらい裏庭の隅で水遊びをやってたんだけれども、人のことをいつも心に思っていたんだなと思います。

F 今日私たちが訪ねて行っても嬉しさを顔には出さないで、私たちが話しかけるのを照れ臭そうな顔をしていました。

そうやって手を使っていろんなものとふれたっていうことはぎゅっと握る指先の力が強くなっただけじゃなくて、やわらかい卵をすくい上げるような、やわらかいものに対する繊細な注意深さがあって、こういうところに表われたのではないかと思うんです。お母さんはその卵の遊びをやることを実に奇妙なこととして、また食べ物を遊びに使うってことであんまりいいふうには考えなかったでしょうが、でもこうしてみると、ものに対する繊細なふれ方っていうのがもともとあったんだろうと思います。お母さんが今日、やわらかいパンをつかむときはぎゅっとやらないでそおっとトングっていうんですか、あのはさむものでそおっとつかむっていう話をしてられましたよね。

●パン屋さんを始めるときに

M お母さんたちがパン屋さんを始めるって言ったときに、周りの大人たちは「え、この子たちがパン屋さんやったってパンはグチャグチャになっちゃうだろうしつまみ食いするだろうし、こんな子たちが作ったパンなんか売れないんじゃないか」って言ったたって話をしてましたよね。ところがいざやり始めてみるとこの子たちは、パンをつかむときにはそおっとつかんで、ぎゅっとつかんで食べられなくするなんてことはしたことがないし、つまみ食いもしたことがない。これも注意したわけじゃないけれどこの子たちはしていないということでした。で、私はいつもこの子たちに会うときに、この子たちは、なんでも心の中で分かってると思うことが多いんです。ちょっと見ると何にも分かってないっていう風に見えることはもちろんあるんだけれども、何でも分かってると思って付き合ったほうが、間違いがない。分かってないと思って付き合うと大人はその子に対して荒っぽくなる。こうやって長い期間を通してみるとね、あの小さいときから分かっていてやってたことが多いという気がします。

F それは本当に大事なことですね。この子たちは言葉で表現できないし、やることも分かりにくいことが多い。それでどうせ分からないんだろうって、頭ごなしにことを進めてしまったら、この人たちに対して本当に失礼なことだし不幸せにしてしまうんだなって思いました。このお母さんたちはみんな一人ずつ違うから、その一人ずつの違ったところを大事にしていこうと考えて、パン屋さんをやっているのでしょうね。

M そう、パン屋さんを中心になって始めた三人のお母さんたちがみんな口々にそのことを言ってましたね。一人一人全部違うんだから、一人一人を大事にしてパン屋さんもやろう。パン屋さんが採算が合うかどうかということはその次のことであって、それぞれが楽しめるようなお母さんたちも楽しめるような、そういうパン屋さんにしようといって始めたんだということを話していました。

手放さずに持っていたもの

F いつも手に何かを持っていたのはいつのことだったかしら。

M 成長の途中には本当にいろんなことがありましたね。小学部になったころ、いつも学校に来るときにお母さんと一緒に来るんだけれど、グレープフルーツとか夏みかんとか丸い果物を抱えて来るのね。それで夏なんかそれを一日持ってるとぐちゃぐちゃになってしまう。でもそれを手から離さない。そしたらお母さんが言うには、もうこれは本当に一日中だ。それからあと二つあるんです。きょうだいが学校で使う三角定規と、四角いノートと三点セットにしていつも抱えて学校に来て、学校にいる間もその三つは手に持ってるかそばに置いとくかで、それを誰かが蹴っ飛ばしたり持ってったりすると彼は怒ったのね。

F 他の子どもたちでも自分で手放せないで何かを持っている人はたくさんいますよね。例えばジュースの缶とか、ストローが好きでストロー持ってた子もいる。ぬいぐるみなんかはかえって分かりやすいですよね。ぬいぐるみを抱いてくるとそれに頼ってるのかしらと思ったりもするけれど、そういう分かりやすいものじゃなくて缶とか瓶とかそういうものが大事で、持ってる人は何人もいるんだけど、それはS君のことを含めてどういうふうに考えたらいいのでしょう。

M いま、何回かにわたって「手を使う」っていうことについて話してるんだけど、手でものを持つことを最初にテーマとして取り上げましたよね。子どもが自分の手にものをつかんだとき、その子の世界が変わるんだと思う。自分の手にものを持つことによってそのものが自分のものになるんであって、手に持たない時期には、それは自分とは関係がない。手放せないでいつも手に持っているということは、そのものがその子の心の奥の方と結びついたものではないかと私はいつも考えています。だから子どもが手に持っているものが何であるかを注意してみると、その子の心の中にあることが分かる。そう思ってみると非常に面白い。

F だから、変なものと思っても置いて行きなさいとか、そんなもの持って来ちゃダメとかそういうのは不当なことになるわけですよね。

M そう、まったくその通り。それでこの子がね、三角定規と四角いノートとそれから丸い夏みかんと手に持ってるのを見たときにね。私は非常に驚き、また嬉しく思ったんです。フレーベルが言っている森羅万象の基本となる三つの形、大きな宇宙の基本が彼の心の奥深くにちゃんととらえられているというふうに私は思いました。

F 興味深いことだと思うけれど、何か持ってしまうと動きが取れなくなるっていうことはどう考えたらいいでしょう。

M S君のお母さんが、このことで困ったこともあって、そのぐちゃぐちゃになったグレープフルーツを手に持ったまま電車に乗る。それから学校にその三つのうちどれか一つを忘れていくと家に帰ってからもう一度それを学校に取りに戻ってくる。それがもう何回かあったか分からない。このお母さんは、よくそれに付き合ったね。彼は森羅万象の基本をいつも持って歩いてるんだから、彼は哲学者なんだねと、帰りがけにお母さんとおしゃべりしました。

F 森羅万象を持って歩いているけれども現実のかばんとかそういうものは持てなくなってしまうかもしれないと思ったんだけど、あんまりいろんなものを握りしめている場合、新たなものに発展することは難しくなってくるんじゃないかと思うんだけど…。彼の場合とことんやると、そのことが変化していくっていうのがいつものパターンだったように思います。だから変化するんだけども忘れてしまうわけじゃなくてそれの延長線上でまた戻ってやっているような気がします。

M それで今日、S君のお母さんが言ってたけど、水遊びをどうしてもやめないとき、ほっとくんじゃあなくて、大事にしていつもそれを見守っている。それを大事にして一緒に生活しているうちに変化する。

F お母さんは生活人として家庭生活などで困ることがあったらこっちの困ることもSくんにはっきり提示する、これでいいんだわと思ってやらしておくことが自主性を育てるように見えるけれども、本当はそういう時は手放してしまっているときが多いという話をお母さんがしましたね。それも私が今日考えさせられたことの一つだったんです。

持っているものの意味っていうのは分かるけど、持っているものを手放す勇気とか変化するっていうときの、こだわりが強いって言われる子どもにとっての大変さっていうのがあるんじゃないかと思ったんです。それはどう考えます?

M そういう最中っていうのは、一緒に付き合ってる者としてもね、いろんな疑問がわくわけですよね。これでいいのか、何か違うものを提示したらとかね。私もそういうことを、毎日毎日考えながらやっていました。それで彼が興味を持つようなものを、用意しておく。そういうときには、そうね、ちょっとはそれで遊んだこともあるけれども、まあ二日と続かない。横目で見てとたんに放り投げたり、それでもう見向きもしない。今日お母さんに話したら「本当にそうですよね」、たいがいそれは受け付けられなかったって。この子と対話しながら日常生活を進める気持ちで付き合っていました。Sくんのお母さんは、本当に良くこれくらい付き合うと思うほど、例えば石鹸遊びとか、それから家の台所の容器はもうしょっちゅう空っぽなんですよってお母さんが言ってたけど、そのくらいいろいろな日常の中でS君に応じて答えながら家族の生活も整えていた。

●パン屋さんを作った親たちの心意気

F 手を使うことと物質のイメージとがうまく調和して、青年期になって二十歳を超えたときにパン屋さんをやれるようになってきたのだと今日お母さんの話を聞いて思いました。初めは何の公的な支援もなくて、自分たちだけで始め、他の人はみんなそんな行く先の分かんないものに賛成する人は誰もいなかった。三人きりで始めた中で、今も思ってることは「人に頼らないこと」。それから「欲張って儲けようと思わないこと」、それから「楽しんでやること」。そういうことが現実的なこととして生活全体を押し上げていて、お母さんも生き生きしてたし、子どもも生き生きしてたと思いました。

M 今日見ても、S君だけでなく、他の人たちもある人はピョンピョン飛びはねていたし、もう一人の人が僕らの帰りがけに自分の好きな歌を歌ってくれたしね。その歌がとってもよくってね。何の歌だったかしら。

F 子ども賛美歌。

M 子ども賛美歌の本当にこちらも和むような歌を歌ってくれたり、それからある人は…。

F お客さんが来ると出ていってパンを売りに行くとかね。もうそれぞれなんですよね。S君は洗い物を一手に自分で引き受ける。

多くの親たちは市や町でやってくれる作業所に子どもを通わせて昼間子どもが家にいなけれ

ばそれでほっとするといったような具合なのに、この三人の親たちはそういうのではなんだか変だと思い、そして中高の公立養護学校の中では一番何もできないと言われていたその三人で、小さな作業所兼パン屋さんを立ち上げたのです。パン屋さんを始めたと言うと、そんな大変なことと言われるけれども、「人に頼らないこと」「欲張って儲けようと思わないこと」「楽しんでやること」を守って、自分たちで一緒に生活できればいいと思えば、誰にでもできることなんですと話されました。今日の帰りの自動車の中で言われたS君のお母さんの話に私も同感しています。

6 手が語ることば

F　以前から私は、手がコミュニケーションにどのような役割を果たしているかを考えたいと思っていました。手のコミュニケーションと言うとすぐに手話とか、その訓練に発展しやすいのですが、そうじゃなくて言葉がなくても手や体が心を表現しているのではないかと思い、そこを取り上げてみましょう。

また小さな孫のことになりますけれども、声の代わりにだんだんと手がよく利くようになってきて、あんまりはっきり指さしをするので、その指さしはどういう意味があるのかと思ったり、最近になったら人の手を取って自分のやってもらいたいことをやらせるというようなことが出始めてきたのです。そのあたりをちょっと話してみてください。

M　言葉を話さない愛育養護学校の子どもたちが心の中でどんなにいろいろなことをいっぱい考えているかということはずっと思ってはいましたが、最近になって私どもの家に生後一年の赤ん坊が来るようになって、その子を見ていると、言葉を話す以前にいろいろなことを手でしゃべってるということにいま気がついています。私が前に思っていたよりももっとずっとそうだということにいま驚いています。

F　そう、言葉の前のことばということを実感としてとらえましたね。

M　その赤ん坊に接して、言葉を話さない障碍をもつ子どもたちがどんなにたくさんのことを心の中で考えているかということをとてもはっきりと分かったような気がするのです。昨日その赤ん坊が私どものところに来たときに、その子があなたの手を取り、自動車の絵本の上にその手を持っていきましたね。そしておばあちゃんに読んで欲しいっていうみたいに顔を見たんです。それであなたが自動車のところを読み始めた。読み始めたっていうかお話をし始めた。この頃この子は自動車をとても好んでいて、外に行っても自動車をじっと見るし、特にタイヤを気を付けて見ます。それから自動車の絵本を自分は見てるんだということを得意気に示します。それだけじゃなくて、人の顔を見て、ここを読んでくれっていうふうに指で示すんです。それはこの頃とっても顕著なことなんです。

F そこで私はその本を読んで「ブーブーブー」とか「赤いブーブーがいたね」とか話してあげる。赤ん坊は言葉なんて全然なしで、ただ私の手を握って「ほらっ」ていうように自動車のタイヤのところに私の人差し指を持っていくんです。そして「ね？」っていうような表情をするのです。そうすると私も自然にブーブの話をしてあげることになるんですよね。それは意識しないでいて、子どもが興味をもっている対象に向かう気持ちとそれを私にも一緒に共有しようよって誘いかけてるように自然にそういうふうになって、それに受け答えることになるんですね。それがとても私には不思議でした。

M 私もね、この子とよく道路を手を引いて歩くんだけれど、この子は自動車のことをいっぱい知ってるんです。たとえばいつも停まってる自動車のタイヤのところに行って自分が手に持ってきたミニカーをわざわざそのタイヤの隙間の中に落とすんです。もちろん停まってる自動車ですよ。そして私がその玩具のミニカーを探してその子に渡すと、またその自動車をタイヤの隙間に落とす。それから家の近くの道路に自動車が通ると緑や赤のランプがついたり消えたり点滅する標識があるんです。それを手でさわって私の顔を見る。つまり自動車が通ると標識が点滅するんだよと知らせるんです。「あー」とか「うー」とか言うだけだけれど、この子はいっぱい頭の中で思っていることがあって、ほらここんところはこうなるんだよ、ああなるんだよ、と言って説明してるように私には見えるんです。

F 何回か前に、物を手でつかむことが自我の発生につながるという話をしましたけれども、物と自分だけじゃなくて、そこにもうひとり人が介在して、一緒に「すごいねー」っと言ったり喜んだり共感したりする、それが言葉を広げ、思いを広げていく元になっているんじゃないかと思いました。それはどうでしょうか。

M 言葉を話さなくてももうすでに子どもは話したいことがいっぱい心の中にある。で、それをどうやって相手に知らせるかっていったら言葉ではなくて絵本の上に人の手を置いて顔を見るというようにしてその思いを伝えようとしている。赤ん坊の成長というところを見ていて、なんだかすごいもんだと思うんです。

●子どもが手や体で示すことを大人は想像力と繊細さで理解する

F そうやって考えてみると、愛育の子どもたちは言葉を話せない子がほとんどだけれども、その子どもたちと一緒にいるとなんでもだいたい分かってしまう。複雑なことは分からないかもしれないけれども……。私たちは当然のようにして過ぎてきたけれども、大切なことだと気が付きました。たとえば、ひとりの子どもが鍵のかかったドアのところへ私の手を持っていって、ここを開けろっていうようにガンガン叩いていたら開けてあげたいと思う。それから鍵がなくて「困ったなあ」って多少大げさにポケットの中に手を突っ込んで、「ほらないでしょう」っていうようにすると向こうも「困ったなあ」って一緒に困ったのを思い出します。

M 鍵がかかってるところをドンドン叩くのは、「開けてくれよ」って言っているというふうに私たちはすぐに考える。そしてドアを開けたら次は外に飛び出してしまうだろうというふうに先取りして考えるけれども、実はその中間にまだいろんなことがあるんですね。鍵を開けると向こう側にいろんな物や道具がある。もし子どもが言葉をしゃべったとしたら、そんなことがいろいろあるに違いない。そこまで私はいままであまり考えなかった。すぐに開けていいんだろうかと迷ったり、「開けろ、開けない」だけに集中して考えていたけれども、その中間にその子のいろんな思いがたくさん詰まっているのだから、まずそこのところを考えなくてはいけないんですね。前には見落としていて新たに発見したのはそういうことなんです。

F ああなるほどと思いました。やってあげるかやってあげないかそのどっちかかと思ってしまうけれども、もっと複雑にいろんなことを子どもは手で、また体全体で表現し大人に訴えています。だからそれに対して繊細に応えなくてはいけないんだなと新しく気が付いたわけですね。

M つい二、三日前のことですが、私と一緒に養護学校の隣の幼稚園に遊びに行く子がいるんです。その子は他の子どものロッカーのところに行って、私の指を名札のところに持っていって指さしてその子の名前を読ませるんです。そしてロッカーの中に手を突っ込んでみる。それから隣のクラスに行ってまた同じようにやるんです。私は気が気じゃなくて、もし他の子どもの持ち物をその子が持ち出したりひっくり返したりしたらどうしようってことが先に立ってしまう。ところがその気持ちをちょっと抑えてその子と一緒につきあってみると、私に名前を読ませるのは今日お休みの子なんです。隣のクラスに行った後にはじめて私はそのことに気が付きました。鞄がない子はお休みで、その子のところに私の指を持ってって名前を読ませる。誰が休んでるかということを、そうやってその子は確かめている。いつも来ているあの子、この子がどうしてるだろうかっていうことを考えているのかもしれない。ああ、そんなことを考えていたのなら、ロッカーの前で私はもっといろんなお話をすることができなかっただろうかと考えてしまった。そういうことはまだまだいろいろあります。

F 本当にそう言われてみるといろいろあってロッカーのところに行ってお弁当の袋をいじっていたら「お弁当が食べたいの？」って言う。「時間はちょっと早いけれどもお腹がすいたんでしょう、お弁当食べる？」なんて言って出してあげるとか、それくらいまでの理解はあるんだけれどももっと複雑なことを言ってるのかもしれない。「今日は好きな食べ物なんだ」とか考えているのかもしれない。「食べる？食べない？」って言ったり、「早いんじゃない？遅いんじゃない？」という。そんなことばっかり実際的に考えてしまったけれどももっと豊かなものがロッカーのところへ行ってお弁当の袋を触ったということの中にあるんでしょうね。それにやっと気が付いてくるのですね。

M その通り。本当にもっと複雑ないろんなことがいっぱいあるんだろうということが、いまだったら私はもっとよく分かる。だけど、その時には思いつかないんですね。

F 大人はもっと豊かに想像力をめぐらせなければならなかったんだということに思い至ったんです。そうしてみるとずいぶん頑張ってよくつき合ったなあと、一人一人のことを思い出しますが、頑張ってつき合わなきゃならなかったのはそれだけあんまり理解しないでつき合っていたから頑張らなきゃならなかったのかなと思います。

●手と顔の表情に興味をもつ

M ずいぶん前のことだけれども一人の男の子がいつも「あーあー」って言って声を出して歩き回っていました。その子が、ある時じっと座って絵本を見ていることがあったんです。その絵本を私も一緒に座って気を付けて見ているうちに気が付いたことは、それは手を描いた絵本だったんです。何か一つのものができあがるまでを、一、二、三、四というふうに順序よく連続写真が撮ってあって、手と指の写真がのっている図鑑でした。私はいつもさまよい歩いているように見えたその子が「手」の写真をこうやってじっと見ているのは、よほど手に関心があるのだろうと思って、マジックペンを出すと、その子はそのマジックペンでいろんなものの上に色を塗り始めました。川原で石を拾ってきたらその石にその子はいろんな色で塗って、一つの石がまるで宝石のようにキラキラ輝いて、お母さんとお父さんが「この子こんなきれいに色を塗って宝石みたいだ」って言ったらますます喜んで、しばらくの期間石に色を塗るっていうことをその子はとてもやったんですね。そうやって、私がその子の「手」に気が付いたときにこんな面白いことが次々に開けていったんです。

F あの子はよく人の手を引っ張って連れ歩いていましたね。

M その子は私を呼びに来て、顔をじっと見て、それから顔を隠して「いないいないばー」をしました。

F 顔の表情に興味があったんでしょうか、その子は。

M それもその通り。手の写真と同時に顔の写真にも興味をもった。顔の表情の変わる写真にもとても関心があった。

F それは普通には本で見て学ぶというよりも、人の顔を見て自然に学ぶことだけれども、その子にとっては本で学ぶ事柄だったのかもしれないですね。

M 本だとはっきりいろんな表情が見える。それによって実際の人の顔を見たときにもいろんな表情があるということに気が付いたのかもしれませんね。

そのことは手や顔に対する関心だけじゃなくて、つまり人に対する関心だったのですね。私の家に来る赤ん坊の孫のことを考えても、こうやってあなたの手を引っ張って本の上にのせたときに、そのたびにあなたの顔をその子は見る。この人は自分のことを喜んでくれてるのか、自分のことをどう思っているのかというように顔を見るんです。そして手を絵本の上にのせる。これは言葉で表わすと難しくなるけれど、実際にはとても単純なことです。

●指さしについて考える

F 話は元に戻りますけれども、指さしについて、自閉症と言われる人たちにとって非常に意味があることとして論じられたことがあったでしょう。指さしをすると言葉が出るとか、人に関心があるとかそう言われたことがあるけれども、あなたはそれをどういうふうにとらえてるんですか。

指さすときには、自分と対象になるものとの関係をとらえるだけじゃなくて、そこにもう一人共感する人が必ず生じてくる。そうしてそこで人間同士（自分と親しいお母さんなり先生なり）が共通にそのものに対して気持ちが向かうことが大事だと思います。そしてただ自分が物を見つけてその物をつかまえるだけではなくて、もう一人の人もそれに関心をもっているだろうと子どもが思う。かなり幼い子どもがそう思うということが非常に不思議なことだし、本当にそういうふうに発達するのかって思っていたら、うちの赤ん坊がブーブの絵を見るだけじゃなくて、一緒に私の手を持っていって「これ見てよ」っていうようにすることになってきたので、三つの頂点を持った三角形の関係かなと思ったんです。

M 確かにその通りでしょうね。「指さし」は、「指」ってところに強調点があるけれども、指は単なる指じゃなくて、子どもの心の全体がそっちに向いてるということでしょう。その子は指さす前にね、天井に輝いてる電灯をじーっと見るというところから始まったんじゃないかしら。そしてそれからしばらくたってからそこに指が加わったというか、それをまたこちらも一緒になって「あ、これね」なんて言ってね。いまあなたが言ったように共感しながら、手を上げたりしてる間にその子は今度ははっきりと指さすようになって、それから自動車の絵本を持ってきて、今度はここは指さしじゃなくってあなたの手をそこの自動車の絵の上に置いて、そしてそこをお話しろって言う具合に促していたんですね。そこがなぜ指なのかすぐには私は言えない。心が向いていたというところははっきりしてる。

F そうそう、だから指さしをするかしかないかが、まるで言葉が出るか出ないかの別れ道のように思う必要はなくて、外界に対していろんな関心があるかどうかが大事なんじゃないかなと思うんです。だからお母さんたちが「この子は指さししないから大変だ」って思うんじゃなくて、いろんな物に関心をもつようにして、電気がついたら「あー、電気ね」って一緒に言ったり、今度は電灯のスイッチを消したら「あら、消えちゃったわ」とか「あら、ついたわ」とかって言って一緒に楽しむ。そうするとそれはとても子どもの気持ちを開く。デリケートで人に対して開きにくい気持ちの子どももいるわけだから、子どもと遊びながら見ていることが大事だと思ったんです。指さしをするかしないかっていうそういうことではなくて。

M それは私も賛成です。その指さしをするときにも、大概の子どもはその前に「近寄って来る」というところがあります。

F ああ、なるほど。

M 指さす前に「近寄って」来たっていうことは、その子がその人に関心があるだけではなくて、その人に何か話したいことがあるときじゃないかと思うのね。その近寄って来たときにすぐにそれを断らないように私は非常に気を付けなくちゃいけないと思っています。近寄って来たっていうことがね、もうすでにお話をしてるということの門口なんじゃないかしらね。

F デリケートな子どもはそういうふうにおそるおそるしているし、自分の気持ちをむき出しに出すなんてそんな恥ずかしいことは嫌だと思っているから、みんな隠しながらそれをやるからこっちも受け取りにくいし分かりにくいんです。隠しながらでもそこまで近寄って来たらそれはずいぶん大事なことなんでね。

M 障碍をもつ幼児の保育というテーマで「手」のところをやってるわけだけれども、障碍をもつ幼児は、いまあなたが言ったようにとても繊細な子が多いからそれを隠しながらおずおずとやっているので人の目に付きにくい、それをちゃんととらえて、こちらも自分の向きを変えて応えていくというところが、いま手の話からよく分かったような気がします。

7 手を使う、マヒのある子の成長

手や足の機能がマヒしていて使えないことは、幼い子どもや親たちにとって大変なことです。その中でどのように心も体も成長して行くのでしょう。

●U子さんが初めて家庭指導グループに来た日のこと

F U子さんは右手右足にマヒがあり、言葉も出ないということで幼稚園入園を前に私たちの保育の場に相談に来ました。二十年も前のことですがその頃のことは忘れられないこととして、心に残っています。

M そうそう、その日は私が一緒に過ごしたけど、他の子のお弁当のスパゲッティを欲しがって、手づかみで全部食べてしまった。母親が「フォークを持って」と声をかけました。私は右手を使えないこの子が、左手でスパゲッティを全部食べてしまったことに感心していたんです。フォークを使うのは高度なことだから自分の手で食べていいと思っていたんです。

F 後でその様子を聞いて、この子には自分の思いをなしとげるエネルギーがあると思いました。お弁当の後、手を洗いに行ったら、マヒのある右手も水につけていました。小さな出来事だけれど生きる力が見られて嬉しく思いました。

M 二、三日して再度来たとき、父母が他の先生たちと話をしている間、この子は外の滑り台を下から上に登ろうとしていました。けれども片手片足にマヒがあるので、とても無理に見えました。

F 私が手伝おうとすると父親が来て「自分でやらせて下さい」と言ったんです。無理なので、なおも手伝おうとすると、重ねてきっぱりと「自分のことは自分でやるようにしたい」と言われました。そのときあなたが手を差し出して、U子さんの手をとって階段の方に行ってくれました。

M U子さんはそのとき、滑り台を下から上りたかったんです。私はそれが分かったから、U子さんの使える左手をひいて階段を上がり、ひとりでは無理だから滑り台を一緒に滑りました。二人で滑り降りてくると、U子さんは体全体で笑っていました。母親が「さっ、帰りましょう」と言ったらギャーって怒ったのには、この子の思いが感じられて、また手をつないで階段の方に行って滑ったんです。父母は一回だけね、といったけど結局何回も滑って満足して、納得して帰って行きました。

U子さんの落ち着きに親が目をとめる

F この日U子さんと父母たちが来たのはこのグループに入るのを断りに来たのだったんですね。私はそんなこととは知らないでU子さんとの遊びを楽しんだり、助けたりしていたんです。

本当に楽しく遊んで家に帰ったら、こんなにU子さんが落ち着いて機嫌が良かったのは初めてだったので、やめようと思ったけれどやっぱり、とりあえずここに入れることにしたんですって。

M U子さんの父親も母親も初めての子で、この子をどう育てたらいいのか分からなかったのでしょう。普通の子どもの中に入れて、早くまねして言葉とか行動が普通になるように、焦る気持ちがあったのでしょう。これはだれにでもあることだと思う。でもこの人たちが偉いところはU子さんの様子を見て、こんなに幸せそうで落ち着いていたことはなかったから、ということを判断の基準にしたことだと思う。

F　本当にそのことが、後のちまでもU子さんの成長を助けたと思います。この日の両親の決断が、これから二十年以上も続く私共とこの家庭とのお付き合いとなりました。この親子から、私共はどんなに多くを学んだか分かりません。

自分のできないことに助けを求める

F　U子さんのことをいつも親切に見守ってくれている実習生がありました。U子さんと実習生のYさんとのやりとりは体を使って抱いたり助けたり、心の通い合いがわきで見ているものにも伝わりました。

あるとき、庭でU子さんが台車を見つけて乗ったので、Yさんが押して部屋に入るとU子さんが台車から降りて、自分でどうにかして部屋に入れようとしました。入り口の敷居を越えようとして、いろいろ工夫しましたが、しばらくしてそばで見ていたYさんの方に助けを求めるように「アッ」といいました。それからYさんに助けてもらって車を出したり入れたりして、長い時間遊びました。自分ではできないことを、あきらめてしまわずに、親しい人に助けてもらうことは柔軟な自我と人に対する信頼が育っていたからでしょう。

M　そうそう、裏庭にあったタイヤをロープでつるしたブランコに乗れるようになったのも、はじめは大人に手助けしてもらってやっとタイヤの穴に座るが、うまくいかない。偶然手が滑って反対のロープにつかまったら、自分で漕げるようになって、本当に楽しそうに乗っていました。

誰でも新しいことができるようになるのは、嬉しいことですが、言葉で表現できないこの子が風に髪をなびかせて、いい表情を見せるのは嬉しいことですね。このとき一緒にいて、U子さんを見ていたYさんも緊張感がなく、互いに見つめ合っていたことは忘れられません。

●自分の中にあるやりたい気持ちに動かされて

F 私たちのグループに来始めたころ、他の子どもが遊んでいるプラスチックのレールを見ると、他の子にはおかまいなしにひとつひとつ外していました。マヒのある右腕にレールをはさんで、左手でぽきっと折り、感触を確かめるように右手の甲でなでるのです。

後になって、小さいプラスチックの輪に興味をもって集めたときも、左手だけでは無理なのでマヒのある右手を補助にして集めることをやっていました。

M 自分の中にあるやりたい気持ちに突き動かされてやったのだけれど、それを見ていて喜んだり感心したりしてくれる人がいることが、子どもの心のはずみになるのでしょう。

ここでは、特別な訓練はなにもしていない。物をバラバラにしたり、集めたりする行動は幼児期にはどの子もやることですね。U子さんも興味を持って手に取ったり、バラバラにしたりする。散らかるからと止めたりすることはほとんどないです。やりたい気持ちが大事なんです。

F プラスチックの輪を集め終わったとき、そんなU子さんの様子を見守っていたYさんの方にしっかり目を向けて、膝に飛び乗ってきたということを聞きました。マヒした機能を拓くのは、その子どもの持つ生命力と好奇心に加えて、人に支えられる喜びかと思いました。

M この頃、私が驚いたことがありました。U子さんは三輪車置き場の中をいろいろと探していたんです。その中から一番大きい三輪車を選んで、私にそれを出してくれと言うんです。そんな大きなのは無理だろうと思ったんですが、出してあげると、今度はそれにまたがせてくれと要求しました。サドルにまたがせてあげると、ハンドルを両手で握るんです。右手はもちろん添えるだけなんですが、私は右手も使っているのに驚きました。

●子どもを縛っていた枠が取り払われたとき

F 親たちは、このグループにはとりあえず入っておいて、いつやめようかと思っていた、と後に聞きましたがそんなこととは知らないで、U子さんはのびのびと自分を表現し始めました。お弁当のときお茶のポットからお茶をこぼしたり、手で食べたりしました。

M 一番困ったのはトイレでおしっこをしないで、そのへんでしたことですね。

F 母親はしっかりしつけたのに、どうしてトイレでしなくなったの、と嘆きました。そのうちお母さんがお迎えに来たときとか、見学のお客さんが見えたときとかに、わざとすることに気がつきました。
これはU子さんの、人とのかかわりかたの初期だったと思います。そんなとき、良く笑ってふざけるようなからかうような表情をしました。

M この子どもに生きるエネルギーがあると思っていました。しつけられてできるようになったことを、もう一度自分のやり方でやり直すのでしょう。本当に納得することによって自分自身の存在を肯定するのだろうと思います。

F 障碍をもつ子どもについて、どこが悪い、何ができない、などと問題点を探す人が多い。それを直すと『普通』になると考える人もいますね。でもU子さんはU子さんらしく生きるようにすることが、もっと大事なことでしょう。いま言われたように生きるエネルギーがあることは、まず一番にこの子の持つ宝だと思います。このエネルギーが、出来ないことを乗り越すのにとても力になったことです。
U子さんのお母さんが「ここでは障碍にたいして何かをするというより、普通の子どもにも必要なことをするんですね」と言われたことは私たちの教育のありかたを理解してくれたことだと思います。

●機能訓練のこと

M このときからしばらく後のことでした。病院に行ったとき、麻痺と精神状態とは深く結び付いている、たとえば、ちょっと音がしてもそっちに走って行ったり、この子は多動でしょうと言われたそうです。母親は、それはこの子が多くの興味を持っているからだと思っていたのに、そうだったのかと思った。そういう観点から機能訓練が必要だと言われ、親としては本当にそうなのかと疑問に思う気持ちと、いまのうちに訓練しなければ手遅れになるという気持ちと両方があった。

一回三十分くらいの訓練だが、泣いていやがった。強制的に連れて行かねばならなくてこんなことをしていいのだろうかと思ったと話されました。私はこの子の全体の様子から考えて、これだけの意欲を生かすならばきっと自分で手を使う練習をしていくに違いない、人間にはそれだけの力が備わっていることを確信して、そのように話しました。

●成長の前に立ちはだかる壁との葛藤

F U子さんは右手右足が不自由だったことによって、物とかかわるときに不便がありましたが、自分で工夫して何とかそれを克服していきましたね。それでも、人との関係では髪の毛を引っ張ったり、人を噛んだりすることが出て来ました。このことはどう考えていましたか。

M そのときは大人が、他の子を傷つけないように気を使うことに目が向いて、U子さんが今成長のために、新しい自分になるために自分の前に立ちはだかっている壁と戦っているところが見えなくなってしまうんですね。右手がきかないから、この子は口を使って人を噛んでしまうのに。

F どんな子どもでも成長の前には、葛藤があるけれど特別厚い壁を破って成長して行く子は、本当に見事な葛藤と成長がありますね。そこを見られるかどうか。

M そのことを助けたのはU子さん自身が他人とかかわろうとするエネルギーを豊かにもっていたことでしょう。ひとりの男の子どもがソファに長々と寝そべっているのを見るとU子さんが近づいていきました。その子がU子さんの方をみると、U子さんは身体をちょっとねじって身をかわし、その子の頭の方に回りました。ゲラゲラ笑いながら、近づいてはちょっと逃げる動作を繰り返しました。その子をからかうような、ふざけっこをたのしんでいるような様子でした。それに似たことが毎日のように起こりました。

●周囲を変えていった

F 保育者も、親たちも、ひとりの子どもの投げかける問題によって考え方が広がって、問題を起こさないようにというのではなく、この子がどのように成長していくのか、考えるチャンスになるのでしょう。

U子さんは言葉は話せないけれど、人とかかわることに関心があったのでしょう。下駄箱にあるお母さんたちの靴やサンダルをいろいろ取り出して、履いてみてましたね。どの靴が誰のかちゃんと分かっていた。そんな遊びは、今思うと人に対する関心だったでしょうし、ハイヒールが大好きだったのは、素敵であることに憧れていたのでしょう。

M たとえ心身のある部分に障碍があっても、その部分にだけ注目して治そうとすると成長が不自然になります。いつも人間としての全体を視野に入れて保育することが大切なことが分かります。ことに幼児期には、大人になるまでの長い年月を見たときに、つくづくそう思います。

第三章　見ること

1 見ることには距離が必要

M 最近新しく入学した子が私を見ても、そばに近寄らないで、距離を置いて私をじっと見て、それから口を開いて、にこっと笑ったのがとても印象に残っています。それ以上は近寄って来ないで立って見ているのです。

それで思ったのだけれど、今まで考えてきた足で歩くとか、手を使うとかいうことは直接対象に触れての体験だけれど、目で見ることは直接に触れることはしないで、ある距離が必要だということです。

F 保育中に思索していたのですか。それで……。

M その子は私の方をじっと見て、その日はそれ以上はかかわりはできなかったけれどそれは自然のことと感じました。すぐには遊んだりはしないけれど、きっと私と遊ぶ日が来るという予感を感じながら安心して見ていました。

F それは穏やかな出会いですね。

M 目で見るのは空間的距離だけではなく、時間的にも距離が必要で、何回も会っているうちに、私に対しても心を開くときがくる。これがこの日の保育中の思索なんです。

F ああ、なるほど。

見るために空間的に距離が必要なのは当然だけれど、時間的にも必要なんですね。そのことが分かっていると安心して待っていられますね。

大人が焦ってこの場になじませようとしたり、必要以上に何かを提示したりするのは、子どもから見ると不自然かもしれませんね。

M そう、距離があるのは当然なんだから、信頼して穏やかに待つ。大人の方が待てなくなるのですよ。

見ること、見られること

F 子どもによってはとても恥ずかしがり屋で、なかなか新しい所に入れないことがありますが、それはどのように考えたらよいのでしょう。

M それはその子の繊細な感覚からきているのだから、そのまま受け入れて待つ。

F O君は来始めたころ、部屋の入り口からそっと中をのぞいて誰も人がいないときを見計らって入ってくるのです。部屋に入っても初めのうちは一人で壁のほうを向いてボールを投げていました。しばらくすると、私とボールで遊ぶようになりましたけれど、あれも距離を保っていたのでしょうね。

そうそう、二階のバルコニーから庭にいる大人とボールを投げ合う遊びも、私はずいぶんやりました。そんなに距離をおくと大声が出るのです。

M そうね、私とはとても元気に一日中大声を出してよく遊びました。「ひんすけひんすけ」(笑い)という言葉が私と関係をつくるときの合言葉だった。大人から笑顔と肯定的なまなざしを向けられる中で、生き生きとすることが分かりました。

F どうしてそんなに恥ずかしがるのでしょう。私が考えるのに、見ることよりも、見られることに抵抗があるようなんですが……。

M 自分が目で相手を見ることは、自分が見られているのを見ることでもあります。見ている大人の目に自分がどのように映るかを見るとき、そこに好意を見たり、ときには心配な親の気持ちや、評価する大人の目を敏感に感じるのでしょうね。子どもはそのときの大人の心を見ているのでしょう。

F 別の子どもですが、電車のおもちゃをずうっと目の前で左右に揺らして誰ともかかわらなかった子のことも印象に残っています。電車が好きということもあるでしょうが、それだけではなく相手のまなざしを避けるという意味もあったかと、いま気付いています。

M そう、そういう子どもは何人もいましたね。鋭い視線は子どもにとって恐怖でしょう。

頭から上着をかぶったり、帽子を深くかぶっていたり、よそからの視線を避けていたいのでしょう。

F それだけ繊細な内面を抱えているのだと理解できますね。

目が合わないということ

F 自閉症の子どもは人と目が合わないと言われますが、このように考えてくるとその理解でいいのでしょうか。

M 目が合わないのは、自閉症の症状だと言われることがありますが、一緒に面白く遊んでいると、じきに目を合わせるようになることを私は何度も経験しました。目を合わせることを保育や治療の目標にするのではないんですね。その子は私を見たくないから見ないのでしょう。私を見ると嬉しくなるというように私自身がなるのにはどうしたらいいかと考えるのが保育者ではありませんか。

F なるほど、そうですね。専門家と言われる人の言うことに子どもを当てはめて見てしまう。自分で子どもにかかわって、その子の感じていることを考えることの大切さを思います。

以前、新しく参加した実習生が、とても恥ずかしがり屋の男の子がなかなか部屋に入れないでいたら、大きな声で「おはよう」っていって覗き込んだのです。もちろん男の子を励まそうとしたのですが、背の高い男性の実習生が立ったまま見下ろすように覗き込んだので子どもは驚いて、ほとんど恐怖の表情になりました。私があとで「ここの子どもたちは繊細で、とても恥ずかしがり屋だから初めての人が、大きな声で声をかけたり近寄ったりすると、おびえる子もいる」と話しました。すると「僕もそうだったからよく分かります」と言って分かってくれました。自分の子ども時代のことを忘れないで、そのことと重ねて理解することは、大人が子どもとかかわるときに大切なことですね。

でも、「ここの保育にはガイドラインがありますか」と聞く人もいます。子どもを理解することにはガイドラインは必要でしょうか。

M そう尋ねられれば、私はすぐにガイドラインはありませんと答えます。その子とそのときにかかわっているのは自分なのですから、自分で一生懸命に考えてかかわるほかないでしょう。けれども、こんな場合もある、あんな場合もあるといろんな場合を知っておくと、自分が考えるのにヒントになることはあるでしょう。それを参考にして自分の場合に当てはめて考えると思わぬ発見をすることもあります。

F 私も実は失敗をしたことがあるのです。

O君とのことなのですが、なかなか人の体に触れることのなかったO君が私と仲良くなって初めておんぶをしました。そんなこともあって私はO君に好かれているという自信のようなものをもっていました。降園するとき泥んこの服を着替えさせると大声を上げるのですが、私はふざけっこのようにしてくすぐったり笑ったりしながらやっていました。そんなやり方がほかの人との間でもやられるようになったとき、離れたところからふと見ると、O君の表情は笑っていないのです。大声も悲鳴のように聞こえました。

もし私が自分より力の強い人から裸にされて服を着替えさせられたら、どんなにいやだろうと気がつきました。私はとんでもない間違いをしたのではないかと胸が痛くなりました。特別恥ずかしがり屋のO君が裸を見られることにどんな思いだったたか。すぐにそのやり方はやめました。

M そうですね。大人はなにげなく見ていても、見られる子どもには大きな力を加えていることはよくあることです。写真を撮ろうとすると机の下に潜ってしまう子もいます。もちろん写真を撮られるのを喜ぶ子もいますが、撮る人も撮られる人も、皆が友好的な雰囲気の場合です。場合によっては写真を撮ることは銃口を向けるのと同じ意味をもつこともあります。「見る」ことの二面性ですね。

F なるほどね。思い当たることがあります。

●それぞれの〝今〟を形成すること

M 見ること、見られることを考えると、能動と受動一般について考えさせられます。触れることに敏感な子、話しかけられることに敏感な子、命令されることに敏感な子などなど、「られる」ことに敏感な人がいますね。さっきあなたが話したOくんですが、Oくんが初めて来たときのことは私も覚えています。パンツを履き替えさせようとすると、大声で泣きわめいて、知らない人が見たら虐待しているのではないかと思われるほどでしたね。これは身体に触れられることに格別に敏感な子だと私たちはすぐに気が付いて、無理して着替えをしないようにしました。人からは「しつけ」をしないんですかと言われたけれど、それよりもっと大事なことがあると私たちは考えました。母親もそれに共感してくれて、そのあと私共はお互いに楽しく過ごすことをモットーにして、気持ちのよい関係をつくることができました。そのときから二十年たちました。先日も同窓会に来たとき、彼は皆の集まっているところにすぐには入らないで、むかし自分が遊んだ部屋で長い時間過ごしていました。母親が言うには、いつも同窓会のときには何週間も前から楽しみにしていて、作業所の先生たちに、こんな楽しみをもってい て幸せだと言われるとのことでした。彼はどこにいってもジェントルマンだという定評があるそうです。

「障害児保育」というと、何か特別の保育の仕方があるかのように聞こえますが、普通の保育と同じだと私共は考えています。敏感な部分は一人一人違いますから、一人一人についてそれを発見して、それにふさわしく保育するのです。それはどの子どもについても同じです。「障害児」という実体があるのではありません。そこで私共は「障碍をもつ子ども」と言います。どこまでも、「子ども」であることは同じだということを強調したいと思います。今日を一緒に快く過ごすこと。そうすると、その子は自分からその先を開いてゆきます。それが保育の根拠だと私共は考えます。

2 子どもが見ているものを一緒に見て楽しむこと

M 子どもが見ているものを一緒に見て楽しんでいると、子どもが何をしようとしているのかが見えてきます。このことは障碍をもっていてもいなくても、どの子にも共通です。私は遊び始めにはできるだけ口をはさまないで、まず子どもが見ているものを一緒に見ます。少し時間をかけて見ていると子どもの心が分かってくるのです。

F 私は自分が面白く遊んでいることが多いかな。そうすると子どもの方から「なにしているの?」というように覗きこんできて。でもじきにそれを取って、「こうしたら?」とか「こうやったらもっとよくなるよ」と教えてくれる子もいます。私の遊ぶ姿が刺激になって、それとはあまり関係なく自分で遊び始める子もいます。

M 両方の場合がありますね。子どもが何を見ているかは結局は分からないけれど、楽しんで一緒に見ていると、だんだん分かってくるんです。

●水の流れを見る子ども

M 先日、一人の子どもが、庭で水の流れるのをじっと見ていました。私もそこにしゃがんでかなりの時間一緒に見ていました。小さな木の葉が水と一緒に流れてゆきました。その木の葉が何かにひっかかって水がうまく流れなくなりました。しばらくすると、また木の葉はくるくると回りながら流れ始めました。見ていてとても面白いんです。

F　私も同じような経験があります。公園の橋の上から小さな川の流れをいつまでも見ている子がいて、その子の母親が言うには、この子は外出が好きで、いろんなところに行くが、水の流れを見るのが好きで、流れ方がわるいと怒ると言うのです。

M　だれでも、水が流れるイメージを好むのは自然なことなのではないかしら。車に乗っていても、流れが滞ると怒る子は多いでしょう。少し飛躍するけれど、一日の生活の流れも、つっかからないでうまく流れていればいいのだけれど、不自然に妨げられると子どもは苛立ちますね。

F　本当にそうね。水の流れを見ている子どもも、水そのものを見ているというより、流れのイメージで見ていると言ってもいいのではないかしら。見ながら体が揺れたりしていますよね。

石を見ていた子ども

M　これもつい先日のことだけれど、子どもの視線がいっているところに何があるのかと、私もそっちを見てみると、その子は落ちていたきれいな石を見ているんです。私がそれを拾って子どもに差し出すと、初めて出会ったその子がにっこり笑って私を見ました。母親が、この子は石が好きなんですと言いました。その石は滑らかで特別にきれいな石でした。

F　石が好きな子は多いですね。大人から見たら、泥がついていてきれいとは言えない石でも。

M　ちょうど庭には同じように滑らかな石がいくつも落ちていたので、私はそれを拾いながら、この石の何が子どもの心をそんなにひきつけるのだろうと考えました。石は固くて、投げても踏んでも形を変えません。そのように、子どもは心の奥で、いつも変わることのない固いものを求めているのだろうか。一緒に石を探しながらこんなことを考えていると、子どもと一緒に石を探すのが一層楽しくなります。

F　私がこのごろ始終相手をしている孫も、自動車の形をした石を拾います。形としては車のように私には見えないので、黙って見ていると、土の上を「ブーブー」って、手で押して行きます。そうすると、なんでもない石が、「ブーブー」のように見えてきて、私もおもちゃの自動車にして本当に面白く、わくわくした遊びになりました。孫に遊んでもらっているみたいですが、……（笑い）。

●肯定的な目が子どもを生かす

M　大人が子どものすることを面白いと思って見ていると、子どもは一層楽しくなって次々と遊びますね。私は始終こういうことを経験しています。子どもは、自分のすることを意味あるものと思って大人が見ていてくれると、自分で工夫することも多くなるし、子ども自身の発見も多くなるのではないだろうか。

F　うちの一歳八ヶ月の孫は、食事のときに顎の下に母親がはさんであげるハンカチを、遊ぶときに自分で顎の下にはさんで、それが落ちないように歩いているんです。そのしぐさが可愛くて、大人が笑いました。最近、顎の下にミニカーをはさんで見せに来たので、両親が大笑いしたと話していました。子どもはそれが嬉しくて何度も繰り返しては笑いました。子どもには大人が喜んでくれることを見せようとする気持ちがあるのね。見られることと見ることとは相互的で、同時的なことなんですね。

M 子どもがすることを大人が可愛いと思って見なかったら、子どもの成長はつまづくでしょうね。

どの子でもするような小さなことを、障碍の子だからこんな変なことをするというように見たら、相互性そのものが体験できないのではないでしょうか。

否定的に見られることは子どもを萎縮させる

M ひとりの子どもが草の葉をちぎりました。草を折ったらお花がかわいそうでしょうと大人が言いました。その子は手を止めて、その大人を見上げました。その子は落ちている小枝を拾って指先でグルグル回しました。その人は、目が回りそうで気持ちが悪くなると言いました。それは何げなく言ったのだろうけれど、母親はこんな変なことをやるのは普通ではないだろうと心配しました。障碍をもつと診断された子どもの相談のひとこまです。

F 乳幼児期には、どの子も多少の成長の歪みをもっていますね。それに専門家と言われる人から診断名をつけられると、その歪みの部分にばかり目がいってしまう。でも、毎日子どもと生活をともにする親や保育者は、その子のもつ、他の人では感じとれないような繊細な感覚に気が付きます。それを大事にしていきたいと思います。

M 前回、自閉症の子は目が合わないと言われているけれど、子ども自身が目を合わせたくないのだと話しました。繊細な感覚をもつ子どもは、大人の否定的なまなざしを敏感に感じ取って萎縮してしまう。「自分らしく生きていいのだよ」と励ましていると、大人に信頼を寄せるようになります。

●否定的に見られると、子どもは大人の困ることをしはじめる

M 私の養護学校の子どもで、小さい子の髪を引っ張る子どもがいました。注意して見ると、その子は私が小さい子と遊んでいるのを見ると素早く走って来て髪を引っ張るのです。こういう場合、ただ乱暴な子どもと考えて、叱るだけでは済まないでしょう。その子は普通に歩くだけで階下の住人からうるさいと文句の電話がかかってきて、両親は極度に神経質になり、子どもはただ歩くだけで、静かにと注意されていました。見られることが喜びではなく、マイナスの感情を呼び起こすことになったのです。私はその子に優しい目を向けようと思い、一生懸命になりました。実際にはそれはとても大変だったんだけれど。

F あなたはそのときどう考えてその子にかかわったのですか。

M 私はそのときは、何はおいてもその子のことを優先させて考えなければと思ったんです。ちょっと目を離すとその子は小さい子の髪を引っ張って、あちこちで泣き声が聞こえて、保育どころではないという具合だったから、職員たちの協力を求めて、私がその子に専念させてもらいました。それができたのは幸いでした。

F そういうことって、よくあることとね。私が見ている子どもなんだけれど、その子は家でときどき大声を出したり、叫ぶんです。引っ越したばかりで、隣の家から文句の電話がかかりました。その子が外に出ると、変な子だと鋭い目で見られました。その子は隣家の前を通るとき、顔を伏せて人を見なくなりました。この場合は何ヶ月もかかってしまって。地域の児童館にも随分お世話になって。でも、近所の年配の方から「少しくらい文句をいわれたからって子どもを叱っちゃだめよ」と励まされて、両親はほっとしたと言っていました。

● みんなの見る目が優しくなるように

M 子どもが何を見ているかということを話してきて、つい話は大人の目のことになってしまいました。他人の見ていることは結局は分からないから、自分が何を見ているかということになるのは自然なことですね。しかも、自分の目は自分では見られない。

F だから、子どもが大人に示す行動によって、大人自身の目を確かめるのですね。

M 自分の目に含まれる瞬間の心の思いが相手には伝わってしまうから、大人は子どもを見るときの自分の目が優しい目になっているかどうかにときどき意識を向けることが必要になるnのですね。

F ほんとにね。

3 メガネ・鏡

子どもにとってかかわりの深い『見るための道具』といえば「メガネ」とか「鏡」がすぐ思い出されます。メガネは対象をよく見るためのもの、鏡は自分を見るためのものと考えられますが、保育の中ではどのような意味があるのでしょう。

●子どもとメガネ

F　うちの孫はメガネにとても興味を示しますが、どの子どもにもそれは共通のことだと思います。

M　そう、どの子もメガネに興味をもちますね。興味のもち方は時により人によって違いますが、メガネに対する関心には何か神秘的なものすら感じさせられます。始めはメガネは顔についている物として興味をもつのでしょうが、それから次第に『お父さんのメガネ』『おばあちゃんのメガネ』というようにその人と結び付いて捉えられるようになりますね。

F　『保育者の地平』（ミネルヴァ書房）にあなたが書いているN君の話も亡くなったお父さんがメガネをかけていたことに結び付いていましたね。

M　あのことについては、N君のお父さんが亡くなった後、しばらくN君は私の机の上からメガネをとって若い男の先生にかけさせて、ときには一日中持っていることもありました。お父さんはメガネをかけていましたから、若い人を見るとお父さんのように見えるのかと思いました。ある日私は午後から講演に出かけなければならないとき、Nくんは私のメガネをどうしても放しませんでした。ほかの人のと取り替えてもらおうとしたら、その子がめったに出さない大きな声を出して抵抗したのです。私の黒い縁のメガネでなければ承知しないので、困っていると一人の職員が「メガネをかけなければ話せないようなことは、話す必要はないでしょう」と言いました。私ははっとしました。私は講演に行くのにメガネがないと困ると思い込んでいたのです。

でもじきに、N君はそのメガネでなければこの時の気持ちが表現できなかったことに私は気がついて、メガネを持たないで講演に行きました。それで何も困ったことは起こりませんでした。

F その時から長い年月がたって見ると、N君のそのときの思いの深さがよく分かりますね。大人は、聞き分けがないとか、わがままと考えがちですが、あの子なりの亡くなったお父さんに対する追悼の気持ちだと思えますね。

メガネをめぐるトラブル

F 私は途中からメガネをかけ始めたので、親しい子どもたちの興味をひいたのでしょうか、何人かの子どもにメガネを飛ばされた経験があります。普段かけているメガネを飛ばされた時、とても動揺する自分があることに気付きました。「取られたら困る」と思ってどうしても守りたくなります。

自分がメガネを取られて困ったので、お母さんたちが愛育に来るまでの乗り物の中で子どもがよその人のメガネを突然取ってしまって、驚かれたり、怒られたりしてとても困った話をするのがよく分かるようになりました。

M 子どもにとっては、メガネというのは、目を代表するものだから、目に敵意を感じると、メガネに飛びかかって取るのではないかな。

F そういえば、電車の中では、大きな声を出すと他人から睨まれたり、変な子だと思われたりすることが多いですね。

M だから、その人の目に対して攻撃的になるのでしょう。

F そうね。その子をめぐってトラブルが大きくなると、その子に対する非難の目が大きくなりますね。それにメガネって高価だし、私のように乱視や遠視や老眼がはいっているとすぐには作り替えられません。相手が必死で守り一緒にいる親が本気で焦ってしまう気持ちはよく分かります。

M 朝、登校して来たとき、電車の中でこんな事件があったと泣いて来る若いお母さんもいます。そんなとき、先輩の母親たちがいろいろ慰めたり、アドバイスしています。

F そうそう、私もそれに教えられたり感心したりしました。

M まずは相手の人にこの子の気持ちを説明しながら謝る。子どもの側に立つことのよいチャンスだと考えるのですね。

突差のことでも、この子を皆に理解してもらおうといつも思っているとできるのでしょうね。お母さんたちは実に立派だと思いますよ。

F メガネはその人に属するものだということを知っているのに、わざと取って相手をからかうということもありますね。私もからかわれたと思います。笑いながらやるのですから。

S子さんは町でよくメガネをめぐってトラブルを起こしましたが、メガネを取ると相手が本気で怒ったり、困ったりする。それが面白かったみたい。大人の仮面をはぎ取るといったら考え過ぎかしら。

M 私は普段はメガネをかけていないけれど、子どもに本を読むときはかけます。

F 子どもが取ったりしませんか。

M それはしょっちゅうだけど、メガネを壊されたことは一度もありません。私はすぐに渡してあげるから別にもめることはないなあ。

メガネを突然取られたら知らない人は誰だってびっくりしますよ。

F メガネは子どもを見る目の暖かさや、厳しさを強調することにもなるから、子どもにとってつらい思いの象徴のようになるのでしょうね。

メガネの魔力

M メガネに飛びかかって取ってしまう子どもは、そのメガネをかけている人にも敵意を感じているのではないかとさっき言いました。メガネとその人とが一緒になって、その人の目がこわいのか、メガネがこわいのか分からなくなるほど、メガネの光が異様に輝いて見えるのではないかと私は思うのです。

F 光線の具合でメガネがキラリと光るように思えることがありますね。

M 『保育者の地平』の第4章3に書いたことですが、ベッテルハイムのメガネの考察に私がハッとさせられたことがありました。それは、しばらく休暇をとっていた実習生に、ひとりの女の子が「先生、今日は新しいメガネをかけている」と言ったのです。その実習生はメガネを新しくしたわけではなかったので、「新しいメガネをかけていませんよ」と答えたのです。それに対して、ベッテルハイムは、その女の子にとってはそれは新しいメガネと感じられたに違いないのに、実習生はそれを否定したことを厳しく批判しました。メガネが新しいのではなくて、女の子自身が新しくなったので新しいメガネのように見えたのだと言うのです。

F なんだかややこしい話だけど、よく考えるとそういうことは普通にありそうですね。

M そうなんです。見る人が変化すると、同じ物が違って見えるのです。新しいメガネと言ったのは、以前には恐ろしかった母親の目がもはや恐ろしくなくなったので、実習生のメガネも新しくなったように見えたのです。

F メガネとそれをかけている人とが分離したのですね。それで異様に光ったように見えたメガネが魔力を失った。

M その通りです。メガネがただの物になったのです。そうしたら飛びかかってメガネを取る必要がなくなった。

鏡を見るのが好きな子

F 話を鏡に移しましょう。

M 鏡を見るのはどの子も好きですね。鏡を見るとき、子どもは自分とその背景を見ています。鏡に映る姿によって自分が外からも見ることのできる存在だということで、いっそう自分というものが確かになるのでしょう。

F あまり泣かない子が鏡の前で「笑いましょ ワッハッハ…… 泣きましょ エンエンエン……」の音楽に合わせて泣きまねをしたり、笑ったりしている姿は心に残っています。感情を表出するのが下手な子が、鏡の前で練習しているように見えました。

M 私も子どもが泣いたり笑ったりして、自分の思いを表現して、それが鏡に映るのを見ているときに、この子は大事なことを学んでいるのだと思って見ています。

F 本当はうるさいなあと思うこともあるけれど（笑い）思い直してこんなに表現できるのは自分の存在に自信がある証拠と襟を正すのです。

鏡の中に自分とその背景を見ると言われましたが背景も含めて見ることが大切なのでしょうか。

M そう、自分だけを見るときはナルシスチックに自分に陶酔していることがあります。極端に自分の姿だけにこだわるのではなく、自分をとりまく人や風景の中で自分を見る。

F 鏡を見ることは自我の成長には欠かせないことでしょう。他人を含めた中で自分を見るという。

M 一歳八ヶ月のうちの孫が鏡の中にジージの顔が映っているのを見て、笑いました。自分も映っているし、他人も一緒に映っている。それは大事な発見ではないでしょうか。

●優しい目について

F 愛育養護学校での出来事ですが、一人の女の子が水たまりに映った空を大声を上げて見ているうちに、だんだん近寄っていって自分の姿が映っていたのを発見しました。そのときの喜び、感動は子どもの持っている大事な資質と思います。「センス　オブ　ワンダー」といってもいいでしょう。私にはこれが将来どんなことに結びつくのか分かりませんが、子どもが大きな自然に包まれる感覚、存在の基礎となることではないかと思います。訓練してできることではありませんね。

M 子どもから学ぶのはそういうことだと思いますね。

F あるお母さんがトイレにいくときいつも後をついて来る子に、抱きしめて「だーいすき」と言っていたら、その子が一番初めにいった言葉が「だいすき」だった。その話を聞いたとき、抱きしめられながら子どもはお母さんのほっぺたを両手ではさんで、お母さんの目の中に写った自分や回りのことを見ていたと思うのです。

M お母さんの目の中に自分が映っているなんて、いろんな子どもと母親の話の中にでて来るけれど、とてもすてきな鏡だと思う。

ちょっと立ち止まって

今、この話をしているのは夏休みも終わりに近いころですが、夏には私たちは二人で各地に出掛けていろいろな人と出会いました。話は自ずと保育のことになりましたが、ここらでちょっと立ち止まって、心に残っていることを話しましょう。

●子どもの思いはそのときには分からないことが多い

F　私の心に残っているのは地方の小都市の養護学校での研究会のことです。個人的なことですがここには私たちと親しいS先生が働いておられます。以前、上京して、愛育養護学校で勉強しておられたとき、そのご一家と親しくなりました。

M　S先生は十五年前内地留学で、東京の愛育養護学校に一家で来られました。二人のお子さんE君（五歳）とK子さん（三歳）は愛育養護学校の家庭指導グループの保育の中にいっしょに入ってましたね。両親と一緒とはいえ、知らない都会で生活し、知らない子どもたちの中に入って過ごす大変さを、今も覚えています。

F　両親によってお子さんたちはしっかり支えられていたのでしょう。初めのころは子どもたちにとっては大変な状況だったでしょうが、それを乗り越えるような行動が、遊びや言葉の中に見られましたね。K子さんがシャワー室でシャワーを指して、「これ、うちにもあるよ」と言ってから「汽車に乗っていくおうちじゃなくて、Oさんのうちのそばの……」と私に話してくれたのは、来てから何ヶ月もたったころでした。東京で借りているOさんの家ともとの家とふたつのおうちがK子さんの中でしっかり捉えられて来たことが分かりました。子どもって自分の居場所を確認するのにこんなに時間がかかるのだといじらしくなりました。大変な状況の中でもちゃんと成長していくのですね。

M 今回、高校生になったK子さんが、一夜、自分が焼いたまだ熱いチーズケーキを抱きかかえてホテルに差し入れてくれました。とてもおいしかったね（笑い）。あのときには、こんな立派な若者になるなんて考えもしなくて、目の前の幼い子どもが何とか日々快適に生活するようにということしか考えていなかったのに。

●変化のときは危機をはらんでいる

M そのことは研究会で報告されていた子どもについても同じようなことがありました。保育園から小学校に入学したばかりの子が、今まで保育園で見せていたお行儀のよい姿とはまったく違った面を見せるようになったというのがあったけれど、それは我がままになったのではなく、自分の考えを表現し始めたのだというように、養護学校の先生方が成長と捉えて「すごいすごい」と言っておられたのは大事なことだと思いました。

F 人生には理不尽なこともあるから、それを覚えるために自分の思うようにならないことも我慢させるのがいいという意見があったけれど、それはどう考えたらいいのかしら。

私には子どもがやっといま『自分』に気が付き始め自分の考えを主張し始めたのを、大事にしたいという担任の意見に賛成でしたが……。

M その発表の中にあったことで、その子がお気に入りの自転車に乗りたいけれど、ほかの子が乗って行ってしまったとき、ものすごく泣いて怒る事が何度もあった。その先生がみんなの行ってしまったあとでお気に入りの自転車を探してきたら泣き止んで「ありがとう」と言ったという。我慢することを学ぶより愛すること、愛されること、を学ぶのが基本だと思いました。こういうことは子どもの傍らにいるとき、毎日起こることだけれどいろんな人がかかわっているときには、迷ったり人の見ていないところでこっそり子どもの願いをかなえてやろう、と考えたりするのも大人の現実かもしれない。

F それから入学したばかりの生徒が、裸になって困ると言うことも報告されていました。入学式のその日にパニックになり裸になった。

M 裸になる子どもはいつでもいますね。子どもよりも大人の方が人の目を気にしていることが多いです。子どもは服も何もかもかなぐり捨てて、何かに没頭できるようになるのは、学校が自分の場になったことの証拠ですね。学校では裸もいいけれど外では服を着てくれるよう子どもに話します。でも、必ず変化します。子どもが大人を変えていく。

F そうそう、それによって子どももまた変わる。子どもは状況が変わるときに、不安と危機感をもつでしょう。それに大人が気が付いて心を向けるとき危機ではなく成長のときになるといってもいいのでしょう。

●大人は子どもが長い人生を全うしていけるように協力すること

Ⓜ　学校教育という枠を外して考えると、教育に目標が必要だという考えは絶対ではないですね。私が立ち戻って考えるのは「この子の長い人生を全うしていけるように、自分はどうやって協力していけるのか」という視点に立って考えます。

Ⓕ　それは、本当に大事な視点ですね。障碍のある子どもだけでなく、どの子どもにとっても共通したことですね。

いま、『生きる力』ということがよく言われますけれど、本当にその中身を考えるとさまざまです。ある人は経済的な能力を考えるし、ある人は他人に迷惑をかけないようにと考える、いい学校に入るのがそのために必要と考える人もいる。でも、いま言われたようにその子が自分の人生を全うできるように協力する、と考えることはもっと深いところまで含んでいて、同感できます。

Ⓜ　私は『長い人生』と言ったけれど養護学校にかかわっていると、かならずしも『長い』とはいえない出来事に出会うこともあります。子どもの死に出会ったとき「ああ、きのう、これだけのことをやっておいて良かった」と思う。子どもが「どうしても」ということをやっておくことは、子どもにとっても自分にとっても大切だと思う。

胸の痛む事も思い出しますし、時には悔いもありますが、子どもからもらった元気と変革する力をもってまた新しくやっていきましょう。

第四章　聴くこと

1 子どもの聴き方

●幼い子は体全体で聴いている

M　言葉を話さない子どもたちは、大人が思っている以上に多くのことが分かっています。子どもは体全体で聴いて感じとっていますが、何をどのように聴いているのかは、はっきりとは分かりにくいですね。そのときには分からなくても、後になって分かってくることが多いのです。

F　私が初めて自分の赤ん坊を抱いたとき、寝かそうとしてもなかなか眠らなくて困っていたら私の母から「母親が焦っていてはだめ。お母さんも眠くなるくらいでないと、赤ん坊も眠らない」と言われました。今考えると胸に抱かれた赤ん坊は、私の息づかいを体全体で聴いているので、その息づかいに合わせて安心したり苛立ったりするのでしょう。母親の息づかいだけでなく、おなかの中にいるときは、母親の脈拍や血流の音も聞こえるでしょうし、外の音も羊水などを通して聞こえてくるのでしょう。毎日乗り物に乗ることの多い母親や、人に接することの多い母親のおなかにいる子など、体全体で聴くのですから、聴くことや感じ方に、ひいては存在感や安定感に違いがあるのは当然ですね。

M 乳幼児期にはどの子も敏感だったり気難しかったり育てにくいという点では共通ですが、特別繊細な子どもは、音によって強い不安を呼び覚まされます。

F 私が忘れられないのは、うちの子どもが二歳ころ外に行ったとき、車が来たり飛行機の音がしたりすると、キーッと叫んで私にしがみついてきたことです。

M そんなときはどんな慰めも役に立たない。ただそばにいてやるだけです。その子にとっては大きな音は外から追ってきて、自分の存在を脅かすものだから大変な恐怖だと、私たちが気が付くまでには時間がかかりました。夜中に風が吹いて雨戸がカタカタと鳴ったり、『火の用心』の見回りのカチカチという拍子木の音がしたり、人の話し声がするとそのたびにその子は目を覚まして泣きましたね。

F 私も子どもの時『火の用心』の音はこわかったので、それにはすぐ共感できました。夜中に泣いた次の朝、この子が明るい光の中で風車を持って走りながら、夜中の嵐と同じ風だと知ったときのようすは、子どもの中にある『詩』を見せてもらったようでした。

M 同じ風の音が不安をも呼び覚ますし、楽しさももたらす風にもなる。子どものそばにいるだけで何も役に立たないと思っていても、そんな場面を見せてもらえるのは保育者の喜びです。

F 音に驚いたり、夜中も眼を覚まして泣いたり、乳幼児期の大変さが成長と共に変化していくところを、いろんなお母さんたちといっしょに探すことを、私たちは一生の仕事にしてきましたね。

M このごろよく聞くことに、子どもの寝付きが悪くてなかなか眠らないので、車に乗せてお散歩というかお散車にいくと、しばらくしてやっと眠りにつくということがあります。町をベビーカーに乗せられていく子もよく見かけますが、車の振動の音が体に伝わって心地よいのだろうか。

F 現代の子育てではベビーカーを使う人のほうが多いでしょう。でもそれはお母さんの背中におんぶされて聞く呼吸の音や、汗ばんだ触覚とは少し違いますね。ベビーカーに乗るのが、きらいという子もいます。一概には言えないけれど、人と肌を触れ合うことよりもベビーカーや車による子守りが主流になっていることは、現代の育児のスタイルですが「それでいいのか」という反省からやがて、それだけではない知恵が出てくることでしょう。

M 電車や自動車の走るあの力動的な音や空気の動きに魅せられる子は多いですね。電車の音を鋭く聞き分けて、JR線とか、新幹線とか言う子もいますが、後になって聴音能力が特別優れている事が分かってきて、音楽の才能を見せ始めた子もいます。それまで育てにくいとか、何だか理解しにくい子どもと思っていたことが、それだけではないと分かってくるのです。

保育者の役割は、その子を分からないまま肯定的に、持ちこたえるということにあるように思います。

●受動的に聞くだけでなく聴き分けて自分と結び付ける

M　言葉を話す前には言葉を聞く段階がある、とよく言われるけれど、音を受動的に聞くだけでなく、その音が自分にとって意味を持つことが分かるとき、『聞くこと』は一歩自分を広げて、耳を傾けて『聴くこと』になり、他人と自分とを結び付けることになります。

F　聴くことから話すことへ、子どもたちはどのように新しい言葉という道具を使うようになるのか、最近、一歳八ヶ月の孫を見ていて学ぶことが多くありました。この子の母親が仕事に行くのは不定期なので、この日はだれとどこで過ごすのか、母、父、祖母、祖父がそれぞれのスケジュールを見て相談しているとき、じっと聞き耳を立てているように見えました。あるとき、母親と祖母（私）が子どもの食事をめぐって言い争いをして（笑い）いたら片方の目が小さくなって、ちょっと伺うように大きい方の目で、母と祖母を見比べているのです。内容が分からなくても何か自分をめぐって不協和音が出ていることを感じ取っているのです。それ以来言い争いはやめました。

M　今、私が見ているひとりの子は、大人が話していると高い戸棚の上に上がってしまうのです。この子について、親たちが将来の不安や迷いを語るのを聴くとそれが分かるのです。

こんなに幼い子どもが大人の話に聞き耳を立て

ている様子は、はっとさせられますね。

●子どもが自分の気持ちを言葉と体で表現する

F　言葉の出始めた幼い孫のそばにいて気が付いたのは、人やモノを指し示すための言葉よりも、この子の場合は状況に対する気持ちを表す言葉が盛んに出てきたことです。例えば「あんなに」とか「こんなに」など自分の気持ちを表そうとして、時には手を大きく動かしたりもしました。虹を初めて見たとき、手を空に伸ばして弧を描くような動作とともに「こーんなに、こーんなに」と言ったんです。

これは副詞的用法ですよね。虹を見たときのすごーいと思った自分の気持ちを表現しようとしていることでしょう。このことは本当に忘れられないことでした。

ところがある研究会で、『養護学校の子が給食のとき、ミカンが大好きで食べたいのに、ご飯をちゃんと食べたら、その後でミカンを食べていいと言われたそうです。そうしたら、泣きながらやっとご飯を食べて「こんなに、こんなに」と言ってほとんど丸呑みのようにしてミカンを食べた。』という話が出ました。こんなに食べたかったのに、というこの子の気持ちが出ています。もちろんこのやり方には、反対の意見の人が多かったのです。私もこういうやり方には反対ですが、その反対の根拠として、その子がこのころ『おうむがえし』の言葉を使っていたという説明を聞いていたので、泣きながら自分の悔しい『気持ち』を言葉で表したことは、この子が内面をもった人に成長しつつあることで、とても大事な時期だと考えました。

そして『おうむがえし』ということについて考えさせられたのです。

『おうむがえし』とは何か

M 『おうむがえし』と言われるのは、相手の言葉をそのままなぞるように返事することですね。「早くしなさい」と言われると、子どもも「ハイ」ではなく「早くしなさい」と同じように言うことですが、私たちの周りには、『おうむがえし』の言葉を使う子はたくさんいます。そしてこれらの子は言葉がおかしいとしばしば考えられたり言語指導をしなければと言う専門家もいるようです。

F さっき、相手の言葉を聞くのは自分の枠を広げて、その意味を聞き取るとき、機械的で受動的な『聞く』ではなく、心にひびくような『聴く』ことになると話しました。その続きを考えると……。

M そう、自分の枠を越えて相手にかえすことによって、会話が成立するのですね。『おうむがえし』では会話にならないというのも、一応もっともだけれど、一人一人子どもに即して考えてみると、なぜ、『おうむがえし』ではいけないと言い切れるのでしょう。

F 『おうむがえし』という形で自分の枠を保つことによって、子どもには安心感ができるのではないか。

M そう考えると、少し不完全でもその子の表情や、前後の様子でこちらが意味を受け取っていけば、会話は充分に出来ると思う。

私は保育にはいる前に、自分の先入観を取り払うことを毎回心掛けています。つまり自分の枠を取り払うことは、私にとって努力を必要とすることなんです。でも、まだ自分自身が確立していない子どもにとっては、私以上に、枠を超えて話すことが大変な場合もあるでしょう。だから、私たちが大人としての自分の枠を取り払う努力を続けるのでしょう。

子どもは黙っていても大人とは違った感覚で世界を見ています。子どもの見ているものは詩的であり、真実を含んでいます。

●どうやって聴くことを育てるのか

F 幼児期の生きにくさの一つに子どもにとって何だか分からないような音や振動に対する恐れがあることではないかと思います。

またうちの孫のことで恐縮ですが、先日、家の中から外を見ていたら選挙の車が通ったのです。薄暗い中を大きな声で候補者が名前を言いながら通るのをこの子が見たのは初めてだったのです。戸惑うような顔で母親と私の顔を見て、作り笑いのような変な表情をしたのです。母親が「あら、泣いているの」と尋ねました。「あれは選挙っていうものなの」と言う母親の説明を膝の上で聞いて、安心したようにまた遊びはじめました。

M その話を聞くと、この子が泣こうか、笑おうか迷っていたのが、母親の顔を見て、言葉を聞いて安心したのだと思う。

幼い子どもは初めてのことに出会うことが多いでしょうが、そのことが子ども自身にとって良いことか、恐いことかが分からないときがあるのでしょう。その時子どもの判断のもとになるのは周りの大人の態度ですね。世界とどうかかわってゆくかを、大人から学ぶのですね。

F その時子どもが大人に信頼感を持っているかどうかで、学び方が違うのではないかと思いました。信頼するに足るという思いがあれば、まっすぐに受け取られるでしょう。

それは障碍をもつ子どもだけではなく、どの子にとっても大切なことです。

2 子どもには大人の話が聞こえている

●穏やかな環境をつくる

M 言葉を話さない子どもや大人でも、自分のことが好意をもって話されているか、心配や不安をもって話されているかは、ちゃんと分かります。言葉を話さない人と接するときにはそのことをよく覚えておく必要がありますね。

F この子たちは特別繊細な人たちだから、こちらも繊細で穏やかな、明るい雰囲気を作れる人でありたいですね。ある作業所を訪問したときお昼休みに一人の少女がにこにこしてダンスのような身体の動きをしたり、スタッフの人も柔らかい雰囲気でした。期限のある作業はどうしても真剣になってやりますし、また能力の高い人が多いときには、能力の低い人は叱られたり、注意されたりすることが多いようですね。聴覚が鋭い人や私たちに聞こえない話し声まで聞こえるような人には、叱ったりとげとげした言葉は、つらいというか危険でさえありますね。

M 私はこの少女の身体の動きの表現に合わせて、私なりに身体の動きをしました。そのことが、この少女に自分らしく動いていいのだという安心感を与えたのではないか、と思います。ほんの短時間しか付き合えなくて残念でしたが。

●突然泣き出したとき

M その翌日、私の学校の幼稚部で、私が経験をしたことですが、その子は最近突然泣き叫ぶことがあるので、どういう訳だろうかと考えていて、その子がシャワー室で水遊びをしていたときに、ガラスを隔てた更衣室で担任の職員と話をしていました。その子は急に泣き始めました。その子のことを批判的に見ていたのではないけれども、その子は私共が話していたこと自体になにか疑念を抱いたのではないかと私共は反省しました。

その翌日、その子は幼稚部のクラスルームの床にマジックで色を塗っていました。四角く張り合わせた床を一つずつしっかりと塗ることを熱心にやっていました。この頃ずっと床を塗っていて、それが初めのころよりも部屋全体に広がって、とてもきれいなのです。私は思わず「きれいだねー」と心から感心して声をかけました。そうしたら、その子が私の顔を見上げてにっこりと笑ったのです。本当にかわいい、いい顔でした。それまで私がその子の脇を通ってもその子は私にはまったく関心がないかのように私を見なかったのです。私も遠くから見て通り過ぎることが多かったのです。

F この日はそれまでとは違ったのですね。

M ええ、それまでは、その子は私には無関心に見えたけれど、大好きな若い保育者たちはとても楽しくやっていたので、私はそれを見たり、その保育者たちから話を聞いて、質問をしたり意見を述べたりしていました。

F その子が木の床にマジックで色を塗っても黙って見ていたのですか。

M それはもう何ケ月も前のことですが、最初にマジックで塗ったときには、その子の心の奥にある美的感覚には気が付きませんでした。でもじきにそれは美しいと思いました。この繊細で傷つきやすい子が自分からやり始めたことは、やらせてあげたいとすぐに思いました。そして部屋中がいろいろな色で塗られたとき、部屋全体が違う部屋になったかのように、美しく輝いていたのです。いまだったら、見る人だれでもきれいと思うでしょう。皆が歩く床ですから、じきに色は褪せてきますけれども。

F つまり、子どもがやり始めたことは、大人にとっては最初は無価値のように思えても、大人だけが考え、計画したのとは違った環境がそこに生まれるというのですね。

M その通りです。子どもは社会を作る重要な一員です。子どもの考えることに真剣に耳を傾けて、一緒にこの世界を作って行こうとするときっとよいものが生まれます。

●実践知について

子どもの前で、子どものことを話さないということは、私にはとうに分かっていたはずです。それなのに、同じような誤りをしてしまいます。子どものアイディアを生かすならば、思ってもいなかったよりよい共同の社会が作られることを忘れてしまいます。障碍をもつ幼児を保育するとき、まず大切なのは、人を偏り見ないという根本です。障碍をもつ幼児の保育の実践で、大人はそのことを学びます。その実践知が社会を根本から変える力になるのだと私は確信しています。

❸ 音楽によって開かれるもの

M　保育の中で、子どもが何を聴いているのかを知るのは、本当に難しいことです。

特に言葉で表現しない子どもから、その子に何が聞こえているのかを知ることは、保育中だけでは無理なときがあります。

●子どものことを分からないまま出会い保育する

F　初めて子どもに出会うときには、あなたはその子のことは知らないことが多いのですか。

M　そうね、病院や相談所の診断や所見を持ってくる人は多いけれど、それよりも私が直接に出会って、一緒に遊んで分かったことを大事にします。心に残ったことを記録したり思い回らすことを大切にしています。それでも随分長い間、記憶や記録の中に、分からないまま保っていることがあります。

F　分からないまま保育するのと、分かって保育するのとではどこが違うのでしょうか。いま、私は幼い孫を見ることが多いのですが、若いとき分からないまま子どもを育てていたときには緊張感や不安があったけれど、その分発見の喜びも大きかったです。いま、孫の育児にかかわるときには、不安や緊張感が少なく、いとおしむ喜びがありますね。

M　それと共通するものが愛育学園での私の保育の中での在り方です。若い保育者の真剣さのそばで自分も考えたり後で話しあったりするのが、いまの私の喜びです。

子ども自身遊びの中で本当の自分を探しているのを、若い保育者が分からなくて真剣に考える。そして子どもと大人が一緒に何かを見つけて成長するのでしょう。保育者は自分の枠を取り払って自分から出て行く柔らかさが必要なことを、私は最近とくに痛感しています。

F それで分かりました。

あなたが保育の基本の中で第一にあげているのは、「出会う」ということですが、大人が自分の常識の枠を取り払って、自分の枠から「出て」「会う」ことですね。

「居て会う」のはだめでしょうか。（笑い）家庭での育児ではそんなに意識しなくても、一緒に生きて「会う」ことをやっている。出会う基盤が出来ているともいえるし、出会う必要を感じなくなっている危険性もありますね。

M子さんとの出会い

M 以前、小学四年で転校してきたM子さんが、流しで水を出して遊んでいたのです。

初めのうちはこの子が音に敏感で、繊細な感覚をもっていることに私は気が付きませんでした。その子がままごとのお皿を何枚も重ねて、その上から水をチョロチョロと流すのを見て、わたしはなぜお皿を重ねているのか、この子どもにとってどのような意味があるのかそのことが心に残りました。

でもよく分からなかったのです。それは「重ねる」ということに私が捕らわれていたからかもしれません。分からないまま心に抱いて長い時間がたったのかな。

後になって重なったお皿に水が流れると、音階のように柔らかな音の変化があったのかと気が付きました。

F その話はM子さんが愛育に来始めたころですね。その後流しに金属の洗面器を伏せておいて、そこに水を細く流して座り込んでいましたね。水の音を聴いていたのですね。

私は水琴窟のコンサートに行った時、穴の中に水がめを伏せて置き、その底に水が当たったときに出る、静かな澄んだ音を楽しむことでしたが、これはM子さんが毎日やっていることと同じだと思いました。そのコンサートで私は水の音が心を落ち着かせてくれるのを経験しました。

●子どもの中に音に対する恐れや不安もあって

M でも楽しい美しい音だけでなく。恐れや不安を引き起こす音もあって、それによってパニックになる子どもが何人もいました。

乗り物の中で大声で話す声や、高いキンキンした声、押し潰したような声など、どうしても我慢ができない音が、子どもによってはあるのでしょうね。ある子どもが同じクラスの子どもの声におびえることがあったときは、本当に困りました。大人には分からないほど遠くから、嫌いな声に気が付くので、親とも何回も話し合ったこともありました。どちらも大切な生徒ですから……。

F M子さんの場合は、この子の好きな童謡をそばで歌うことによって、嫌いな音を和らげるようになりました。お母さんはそれを「音の煙幕」と言われましたね。だから乗り物の中などで小さな声で好きな童話を歌ってあげると静かにしていられるのです。周りの人からもそれならそんなに迷惑がられない。
外国に行くときも好きな童話をテープにいれて、それをヘッドホンで聞きながら飛行機で過ごしたそうです。

●音楽によって開かれるもの

M 愛育には音楽や造形を専門とするアートティーチャーが何人かいて、保育の中で自然なかたちで音楽を楽しんだり、絵をかいたり、物を作ったりの活動を大事にしています。M子さんも音楽の先生が来る日には、楽しんでいましたね。

F 先生の話によると、お気に入りの童謡だけでなく、モーツアルトのピアノ曲を弾くと、流しのそばで水を流して聞いていたそうです。小学部の高学年のころはそうやってピアノと水の音との合奏が始まったようですね。

M そうそう、嫌いな音にたいしてははっきり拒否するから、穏やかに水を流しながらそばにいることは、M子さんの心に滲みる音楽だったのでしょうね。小学部を卒業してしばらく外国に家族で住んでいましたが、そのころはピアノでお気に入りの童謡を自分で弾いたり、自分で作った曲を弾いて一日の大半を過ごしたそうです。二十歳のお祝いにそのピアノ曲をアレンジしてCDを作ったこともありましたね。

F M子さんのCDを作ったのは、お母さんが「自分へのご褒美」と言うようなことを話していられました。

M あれは台所の洗い物の音なども入っていて、とてもユニークなCDでしたね。

F　最近は音楽の先生のところでピアノを弾き合って、合奏のようにしているとのことです。バッハを先生が弾いたとき涙を流して泣いていたこともあるし、楽しい曲にはおかしそうに笑ってしまうときもあるそうです。音楽によって感性や感情の表現が磨かれたように思えるのです。

第五章　遊びが伝えてくれること

1 言葉がなくても遊びの中で思いは通じる

●子どもの感じている世界を受け取る

F　あなたはいつも「言葉がなくても子どもたちは何でも分かっている」と自信を持って言われますが、その根拠は何ですか。

M　子どものそばにゆっくりいれば、その子の感じていることは大抵分ります。分からないときは子どもと同じように子どもの速さで歩いてみたり、子どもが手を挙げたらこちらも手を挙げたり、同じように動いてみるともっとよく分かります。

コミュニケーションという言葉はもう日本語になっていて、国語辞典によればコミュニケーションというのは「言葉や文字や体の動きによって、他の人に『伝達する』ことを言う」とあります。現実には言葉を話さない人とどうやってこちらの思いを伝えたらいいのでしょうか。

Ⓕ赤ん坊が幼いころは、笑っていると嬉しいのだろうと思って私も嬉しくなるし、不快な表情をすると、どうしたのだろうと考えて心配しました。『子どもの心を受け取る』ことの始まりがこんな素朴なところから出てくるのですね。

Ⓜ どんな人でも心に感じたことを何かで表現します。以前私が「子どもの行動は心の表現だ」ということを発見したとき、行動の見方が変わりました。なんだか理解できなかった子どもの行動の内側には心の感動や、喜びや悲しみや悩みなどが詰まっている。言葉や文字であらわせない子でも心に感じることは私と共通なことが多いのです。

Ⓕ だから「子どもたちは何でも分かっている」と自信を持って言えるようになって来たのですね。

人間が生きているということは、子どもも大人も強い者も弱い者も感じる内側があり、それを表現することだとも言えますね。それを受け取ってくれる人がいることによってその人にとって意味が出てくるのでしょう。

●遊びの中で子どもが感じること

■電車が繋がらないとき

Ⓕ ある育児相談で二歳一ヶ月の子がプラレールを繋げようとして、ちょっとでもはずれると怒ってレールを投げて大変だというのです。プラスチックのおもちゃは古くなると割れやすく、繋がらなかったり、具合が悪くなることがあります。その子の普段の様子を尋ねると、お母さんから見て困ったことや止めなければならないことがたくさんあるようです。お母さんは

子どものことを心配してみている。レールが繋がらないで苛立つ子どもには、お母さんとの間で心が繋がらないことが多いのではないかと私は思いました。レールが繋がらないということが、この子にとって特別に我慢がならない重要なことなのでしょう。

M 愛育学園の小さい子のクラスで保育していたとき、離れてしまう電車やレールをセロテープで何回も繋いだことを思い出します。それくらい子どもにとっては繋がるかどうかは真剣なのですね。電車という「物」がつながるだけでなく、人との繋がりと重ねてイメージしている。離乳のときや、自分でやりたい気持ちが出て来たときは、お母さんとの繋がりが変化している時期と言えるでしょう。物質のイメージが子どもの日常の大切な問題と重なって心に蓄えられる。

この子も、何でもお母さんに依存するのではなく、繋がらない時があることをプラレールで練習しているとも考えられる。

F そう考えるとプラレールが繋がらないということも、子どもの成長にとっては意味のあることかもしれませんね。

でも、育児の実際家の私から見ると（笑い）、この子の生活の中では苛立つことがとても多くて、落ち着いた穏やかさを育てるという点では、複雑なレールのおもちゃはもう少し成長してから与えた方がいいと思うのです。

電車が繋がる

M うちによく来る二歳過ぎの孫は、お休みの日に父親と電車を見に行くのを楽しんでいます。東京駅のホームで東北新幹線の『はやて号』と山形新幹線の『こまち号』の切り離しのところが繋がっているのを見た。ちょっと見ると二つの新幹線がキスしているみたいで「お鼻とお鼻をくっつけているねえ」と言う言葉が心に残ったようです。それまではほっぺたにチュッとされるのが嫌いだったのに、それを見て以来、おとなしく肌を触れ合うようになったということです。

F 自分が電車になったような気分で嫌なことが乗り越えられたのでしょう。

▩すれ違い

F その子はこのような経験の中で大人がはっとするような言葉を言うことがありました。「すれ違い」です。

M 東京駅の新幹線のホームで二台の列車がすれ違うのを見てとても心に残ったのでしょうね。その子が、空に白い雲と黒い雲がゆっくりと動いているのを見て「すれ違い！」と言いました。イメージとして心に残っていたものを、言葉として言ってみることで、自分でもはっきり分かり、言葉として定着することになったのかと思います。

「すれ違い」ということも電車や空に浮かぶ雲について言うときは、大人はすんなりと受け取れるけれど、心の問題となると子どもの置かれている状況をよく考えなければならないですね。例えば、年下のきょうだいが成長して来て障碍を持つ上の子を追い抜いてしまうことはよくあることです。そんなときは上の子の不安な気持ちをしっかり受け止めなければならないでしょうね。

F 自分の後から繋がってくると思っていた弟や妹が、自分とは違う学校に行くようになって、追い越されすれ違うときの上の子の気持ちはどんなでしょう。言葉で表せない子でも原風景として心に残るでしょう。このような悩みや喜びを子どもたちが遊びの中で表現している。それを注意深く見るとき、あなたがいつも言われる「子どもは言葉が分からなくても事柄は何でも理解している」ということに共感できますね。

行き止まり

M 私が忘れられないのは一人の男の子が幼稚園から紹介されて、週一日だけ愛育学園の幼児のクラスに参加したときのことです。この子は水の流れに興味を持って、水が何処から来て何処へ流れて行くのかに興味を持ちました。そのうち小学校に進学するころになりました。家族もとても心配して、スタッフの誰彼をつかまえては普通の小学校に進めるかどうかを相談しました。その言葉は本人の耳にも入っていたのでしょう。そのころ、この男の子がプラレールを使ってやった電車の遊びは印象深いものでした。

F ああ、片方のレールが繋がっていないで、壁に向かっているのでしょう。電車が走ってくるとレールを突き抜けて壁にぶつかってしまう。はじめは気が付かなかったけれど、この子が小さい声で「行き止まり」と言っているのを聞いて、この子が行く先に希望を感じていない、むしろ不安を感じていることに気が付いたのです。

M　このほかにも『別れ道』とか『危険』『止まれ』など電車遊びには危険や不安を表しているものが多いですね。

●人生の道と重ねて

F　電車遊びに出て来る言葉を取り上げてみました。子どもが電車遊びが好きなのは自分の思いと重ねるからでしょう。あの力動的な姿に憧れ、車が繋がることに心を引かれる子、行き止まりに不安を感じる子、すれ違いに自分と他の人との関係の不安を感じる子、など大好きな遊びの中に人生の大切な出来事を隠喩として感じ取る。言葉がないとコミュニケーションができないと考えるのは間違いだと思うのです。

始めに話した「言葉がなくても互いの思いは通じる」ということを再確認しましたね。

2 電車遊びから水遊びへ

●よりダイナミックに

F 孫の男の子は二歳過ぎになって、電車で遊ぶことがますます好きになりました。うちに遊びに来たときには、電車はあっても玩具のレールがないので、座敷の畳のへりで電車を走らせたり、障子やガラス戸の敷居の上を走らせていました。木の建具が少し歪んで隙間ができる所があって、そこにも入って行けるんです。トンネルになるんです。

M 私の子どものときも、その頃はプラレールなんてないから、敷居はとてもいい電車のレールでした。この子と遊ぶうちに私はそんなことを思い出します。

そんなことをしているうち、その子は縁側から庭に出て遊び始めました。私がホースで水まきをすると、じきにホースの水まきを手伝い始めて、水の流れに興味をもってじっと見ていました。水を強く出してほしくて「大きく」というので水栓を大きく開きます。どろんこが手につくのをためらいながら、水の流れが石にぶつかって方向を変えたり、分かれたりするのを見ているんです。

F 流れを見て『別れ道』って言ったのです。そして『行き止まり』『立ち止まり』という言葉も出て、それを聞いて私は何だかはっとさせられました。人生の旅の大事なことを言い当てているような気がしたんです。

この子、哲学者かしらなんて（笑い）。

でも、この子は言葉で表現をするのはじきに少なくなって、靴やズボンの裾を濡らしながら、流れの縁を歩きました。

M そうね、たしかに電車で遊ぶのも好きだけれど、水の流れで遊ぶときのほうがダイナミックで子どもらしい勢いがある。

●もっと自由に

M 小雨が降って来たときも、もっとやりたくて仕方ないから大きな大人の赤い帽子をかぶって遊んだね。

どんどこ、どんどこ、どんどこどん
赤い帽子の小坊主が
どんどこ、どんどこ、歩いてる

こんなことばに歌をそえて歩くと、きゃっきゃと笑って私たちと行列をするんです。水の力は大きなものですね。

F たしかに水の流れの勢いは子どもの心の深いところに働きかけ、枠を取り払って自由にする力がありますね。

もっと小さいときは、ドロドロ、ベタベタがきらいだと思っていた子がそういうことから自由になっているのです。

M 電車が繋がらなかったり、思うように行かないでかんしゃくを起こす子を見ると、そのときは子どもの体が堅くなっています。水で遊ぶときは体が柔らかくなるのです。

●水遊びと身体（子どもが便秘のときに）

M 愛育学園の子どもたちのなかには毎日水遊びをしないといられない子もいます。水遊びは実に多様で、語りきれないほどいろんなことがあります。水は流れていることが重要で、流れなくなると、子どもはもっとよく流れるようにしてくれと注文します。水を流しながら、おしっこをしたり、ウンチをすることもあります。流れのイメージは身体の内部にも共通に働いているのでしょう。

F 水遊びをしていると体が柔らかくなるということは、どんな意味があるのでしょう。

M 体と心は繋がったものだから、心が不安になったり、緊張したりすれば、体も堅くなるのでしょう。

子どもの中には、不安が強かったり緊張していると思われる子もいます。そしてかなりひどい便秘の子もいますが、これを見ると生理的な問題と心の問題とが切り離せないのです。

この間も一人の女の子が怒ってひっくりかえって泣いていました。何が起こったのかと担任にたずねると、この子が外の流しに水を入れようとしているのに、水の出方が細くてなかなか水が溜まらない。それで怒っているとのことです。

そうして水がいっぱいになり溢れると、やっときげんが良くなりました。お母さんも担任も、便秘と水の流れと関係があることに気づいていました。

便秘になると水遊びが激しくなる。水遊びをしているうちに体が柔らかくなって便が出たりします。

F うちでも子どもの小さい頃、おふろの中でウンチが出たくなったりしたのを思い出しますね。

どこから来て、どこへ行く

M 水で遊んでいると、水がどこから来てどこへ流れて行くのか疑問が出てきます。うちでも、水が入って来る水道栓や、水が出て行く排水口の格子には特別に関心があります。どこから来てどこへゆくのかということは人間の根源的な問いでしょう。

F それを求めて地下室にまで探検に行った子どものことは忘れられません。その年は渇水で、水道の制限があった夏のこと、どうしても納得できない子どもとなぜ水が出ないのか、大人の意地悪じゃなく水が出ないという事実を納得するまで時間がかかりました。それ以後私は親たちに「この子たちにとって水は『心のお薬』だから子どもの水遊びは制限しないで、全自動の洗濯機の水の使用量をみんなで減らそう」と呼びかけました。

M 雨の日にうちの屋根の樋から足元に流れるチョロチョロの水を孫が見て、どこから来るのか不思議がったとき、「屋根の上の、空の上の、『天』からだよ」と話しました。

保育者の心に流れるもの

F 子どもが水を流して遊ぶとき、自由でダイナミックな想いをもっています。そうすると、どろんこ遊びはただ楽しいだけでなく、人生の大事なことを学んでいることが良く分かります。二股に水が流れるとき、『別れ道』であり、水が『行きどまり』になって行き場を失っているとき、石ころが流れの縁に『立ち止まって』いるとき、成長する子どもにとってはいつかまた人生の大事な時に出会う出来事だと想うのです。

ある青年が独り立ちするとき『砂場はぼくの人生の原点』と言ったということを聞きました。言葉で表現できない子にとっても、それは同じです。

M こんなことをしていては、普通の子どもといっしょに幼稚園や保育所でやっていけないのではないのかと心配する親もあります。しかしこの子たちにとって心の中にイメージで蓄えるということがどんなに大切か、お母さんと話しています。

お母さんだけでなく、保育者も常識の枠を取り去って自由にダイナミックに心の流れを良くしてほしいと思う。

流れないで溜まっているときは『行き止まり』の意味を考えつつ、溜まった水が次第に澄んでくるのをゆっくり待って、『保育者の思索』をしてほしいと思います。

3 水――なぜこんなにも水遊びが好きなのか

●「水遊びばかりやって」という大人の声

F 子どもはどの子も水遊びが好きですけれど、とくに愛育学園では好きな子が多いですね。朝からずっと水遊びをしていて、それが長く続くこともありますね。それにたいして何か周囲から批判のようなことはありませんか。

M 批判というより心配する親もあります。「水遊びばかりやっていては体験が片寄るのではないか」など尋ねられることはしばしばです。

F それにたいしてどのように答えるのですか。

M 私は『子どもが自分からしはじめたことはどんなことでも、意味がある』と話しています。大人には、形にならないことは分かりにくいし、その子にとっての意味をくみ取りにくいのです。それをどうやって分かるようにするかは、私たち保育を専門とする者の大事な仕事だと思います。多くの人に分かってもらうには、言葉で説明するだけでなく、ビデオなども有効なときがありますね。親たちは焦ったり戸惑ったりする気持ちもあるでしょうが、子どもの心の深いところを見ることに慣れていないのです。

その意味で、『形が残らない造形活動』ビデオはとてもよかったと思います。

●『形が残らない造形活動』のビデオ（水のビデオ）が教えてくれること

F そのビデオを久しぶりに昨夜見ました。子どもの視点で水がどのように見えるのか、子どもを正面に出さないで語ろうとしているのです。いつも子どもがやっている水遊びをこのような形で見せられると、本当に美しいし、意味のあることだと分かってきます。

M 『生成展』のときあのビデオを見て、愛育に来はじめたころの男の子のお父さんが、感動して納得してくれました。お母さんに電話をしてお母さんもすぐに見に来てくれたことは忘れられません。

F 玉杓子のうちがわに当たった水が八方に散る様子。さざ波のようにコンクリートのうえを次々流れる水。マンホールの蓋のうえに飛び散る水。外の梁《はり》に水を当てて滴となってしたたり落ちる水滴は、まるで今生まれた水の坊やみたい。言葉でこのように説明しても尽くせない美しさと、子どもの心を表すものがありますね。

M 子どもたちの水遊びに打ち込む気持ちが分かります。

このビデオとともに作られた、西原彰宏、山田陽子他のOMEP（世界幼児保育・教育機構）世界大会論文には『力強さ、激しさ、おだやかさ、優しさの感覚を、水と一体になって表現する体験』と書かれ『生きていることの感覚を明確にしているのではないか』とも書かれています。これは本当に共感できます。

『イメージ』と『認識』との違い

M 愛育で子どもたちがやっている水遊びは、全身を打ち込んでやっている水遊びです。小手先の問題ではなく自分が水と一体化して遊んでいます。

F　子どもが水と真剣に遊ぶとき、その感じている世界は言葉では表せないですね。イメージとか感性は流れる水のように拡散してしまいます。でも、そんなふうに感じる自分を長い時間をかけてしっかり認めることで、自分というものができていくと思いますが、どうでしょう。

M　そうね、感性は認識や知識とは違いますね。この子たちは感じる力が人一倍繊細で豊かです。感じたことを言葉で表そうとすると、生きていたものが動かなくなり、この子どもたちの感じていたものとは離れてしまう。繊細な感覚のこの子たちは体全体で感じたことを言葉の枠の中にいれることはできないのでしょう。

F　それで気がついたのですが、このビデオに出て来る水遊びの主人公たちはどの子も言葉が出ていません。いわゆる自閉症といわれる子どもたちです。

どうして言葉が出ないのかは分かりませんが、言葉を使わずに水遊びの中で自己の確認をしたり、心の表現をしているのですね。『言葉をもたない詩人たち』ですね。

遊びは子どもにとって言語表現を超える表現

M　うちの孫の一人が一歳半ころ、家の引っ越しで落ち着かない時期、新しい家の隣家から度々「子どもの声がうるさい」と苦情が来るということがあったでしょう。

F　そうそう。

M　あのあと親子ともに不安定になったとき、この子は「キーッ」と言うばかりで言葉が出なかった。

暑くなって窓を開けるころが一番大変で、隣家から苦情が来るので暑い中を自転車に子どもを乗せて母親が連れて歩いていたのですね。
それで、アセモが背中にできていた。何とかしなくてはと、私が訪ねて行くとお風呂場で水遊びを何時間もしたけれど、それは激しい水遊びだった。風呂桶の縁から飛び込むバシャンという音がして水が飛び散り、お風呂場の前まで水浸し。幸いお風呂場は隣との壁が厚くて音が漏れなかったけれども、家中には相当響いていた。でもその水遊びでこの子は落ち着きを取り戻したのです。

F 一年以上かかりましたね。

M 母親はあまりの激しさにはじめは「それは、やらせないで」と言ったのです。
日常の生活からみると、あまりに逸脱しているように見えたのでしょう。でも、それを機会に父親も年上のきょうだいたちも幼いものにたいする見方が変わりました。

F 数週間たって私が訪ねて行って水遊びをしたとき、蒸し暑くて一時間以上したら私の方がもう耐え難くなりました。それで「もう、おしまいにしよう」といってお風呂から出そうとしたら、子どもが「キー」と言ったのです。上の女の子が来て「自分から出たがらないのに出そうとしたらだめなの」「じーじー（祖父）はそんなことしない」（笑い）と教えてくれました。

大人が表現をうけとることは子どもの自己確認につながる

F それから二年以上経って、先日、この四月から幼稚園に行くようになったこの子の家を訪ねたとき、入園式の翌日で少し緊張して帰ったところでしたが、お風呂場で水遊びをやりました。このごろはあまり水遊びはやらないと聞いていたのですが……。

昼間なのに電灯をつけて水しぶきをあげてお風呂に飛び込むと、水しぶきが美しく輝くのです。私も見ていてつくづく素敵だと思いました。

子どもは夢中になって遊んでいて、水という物質と一体になっている。意識して表現しようとしてやっているのではないのに、私に「見て、見て」としつこいくらい言うのはなぜかと思いました。

M　見るものと見られるものと……慈しんで見るものがいるから見られている自分を『よきもの』として感じることができる。水遊びのやり方は子どもによってそれぞれ違うけれど、やらせたままにしておくことはありません。一緒になって濡れながら、その子の見ているものや感じているものに、共感している大人がいることが大事なのです。

4 大気・天への憧れ

子どもにとって大気はいろいろなよいものを含んでいます。空の高さを初めとし、光、風、雲、虹など子どもの感性に働きかけるものがあります。

●心を高くあげる

F 一番小さいクラスにいたA君は三歳過ぎて、やっと歩くようになりましたが尻餅をついてすとんと座ると、床に落ちている上履きやスリッパに手をのばして遊び始めました。床に顔をくっつけるようにして遊んでいましたが、やがて外に出て建物の間から差し込む太陽の光に手を上げたり、ほかの子のやっているシャボン玉を追いかけようと手を振っている姿はとてもかわいく、忘れられません。私はこの子が天への思いを表しているようで、今も心に残っています。

M 幼い子どもは天国から来て間もないから、どの子も天国の香りを身にまとっているように思う。

前にも話したように、一歳七か月の幼い孫が樋から流れ落ちる雨の水を不思議がって『どこから？』と尋ねたので、雨は空から降って来たことを話して、空の上には天があることを話したら『てん、てん』といいながら長い棒を高くさし上げました。

手でとどくことのできないほどの高さへの憧れや希望を、幼いものや弱いものほど深く感じているのではないかしら。

F　心を高く上げることは、子どもの場合長い棒を持って空に高く上げたりする遊びになりますね。それから自分が高いところに登ったり……。

●大気は光を運んでくる

M　ここで話をすることにためらいを感じるのだけれど、光という去年の春十歳で天に召されたののちゃんについてどうしても話をしたいと思うのです。

F　ののちゃんの亡くなったことは、みんなの心に深く残っています。でももう一度今回のテーマの光に触れて話してください。

M　ののちゃんは愛育学園に在籍されていたのですが、家は遠く心臓が悪かったので体調のよいときに学校に来ることにしていました。みんなに大事にされて、その中で素敵な絵や製作やゲームをしていました。途中ではほかの子のようにランドセルをしょって学校に行きたいという願いも聞き入れてもらって、地元の学校にも在籍しました。そこでは運動会にも参加することもできたのです。やがて病が重くなり、入院することとなりました。

大好きな先生たちは度々ののちゃんのベッドのわきで一緒に遊び、楽しいときを過ごしました。

F　いろいろな先生がその人らしいかかわりをしていたことは、話に聞いています。

M　私もお見舞いにいったけれど、ののちゃんにはもっと面白い遊び相手の若い先生がよくて、あまりお呼びでなかったのです。年寄りの私には別のかかわりを求めていました。病が重くなり、病院で夜中に苦しくてお母さんもどうにもしてあげられなくて、親子で苦しんでいるとき、私はののちゃんの精神を支えることができないかと真面目に考えました。そんな時に、本屋さんで一冊の本が目にとまりました。『かみさま　どこにいるの』というコイノニア社から出版されているものです。小さな美しい本ですが、これをお母さんに読んでもらい看護婦さんや訪問の人にも何回も読んでもらったということです。

●病室に差し込む光

Ⓜ　この本の中から特に心に残っているところを読んでみましょうか。

『もし　かみさまが　どこにでも　いるのなら、きみのポケットのなかにも　いるのかな

――そうよ――じゃあ、かみさまを　そのてにとって　みせてくれないかな――そんなことできないわ。だって　かみさまは　てにとるには　おおきすぎるし、それに、ゆびのあいだを　するっとぬけちゃうくらい　ちいさすぎるわ』

『かみさまって、なにを　きてるの――ひかりをきているんだよ』

『なぜ　かみさまは　きみのところに　きたの――だって、わたしがびょうきだったからよ』

この本をくりかえし読んでもらって、朝になって朝の光が差し込んで来たときに『神様がきた！』といったそうです。それから二日後にののちゃんは天に召されました。

医療が進歩したとはいえ、死がなくなったわ

けではありません。子どもの死もまた身近に起こります。

死に直面して、大人も子どもも神様のことを真剣に考えるのですね。

F 夜、暗い中でどうしようもないほど体のつらさと不安とを、子どもが抱えているとき、親もつらかったけれど朝の光が差し込むとほっとして、ああまた今日も生きて……と思ったとお母さんが後に話されました。

●虹

F ののちゃんの前夜祭（お通夜）は、家が遠いこともあって、ののちゃんが大好きだった愛育学園でしました。

私もそこに出席しましたが、孫とその母親も一緒に会場に向かいました。それまで降っていた雨が上がって陽がさしてきたとき大きな虹が空いっぱいにかかりました。そのときの孫の感動は本当に深くて『虹』という言葉を知らないので何と表現してよいか分からず、腕をいっぱいに振りながら『こーんな、こーんな』と表していました。それから後も、この道を通るたびに『こーんな』と手を上にのばして虹のことを話すのです。

M 前夜祭に来ていた人たちは『あの虹にのって、ののちゃんは天に召されたのだろう』と話していました。虹というのは天と地とのあいだにかかる橋だと昔から神話にありますが、幼い子どもの感動にはそれとにたような思いがあると考えていいのでしょう。

●物語を紡ぐ

M この子の虹の体験は、物語を自分から紡ぐことの始まりだったと思います。どの子どもも自分の物語を紡ぎつつ生きている。ののちゃんも自分の物語をもっているのです。それはいろいろな人に彩られ、本当に華やかです。自分の孫の物語と重ねて考えることにためらいつつも、光を仰ぎ見て子どもが生きるという点では共通のものを感じているのでここにお話ししました。

F 幼い子どもの小さな行動は日常のささいなことのように見えても、子ども自身にとっては、つながりのある物語なのですね。

M その通りです。ことに言葉を話す以前の子どもは、心にいっぱい思いをもっていても言葉で表現できないから、身振りや象徴的な行動で表すのですね。

F そう考えると思い当たることがいろいろありますね。

M ののちゃんの病気と絵本の話はあまりに深く大きなものを与えてくれたので、これ以上付け加えることはできないのですが、絵本には、光、風、雲、雨、虹など、大気をテーマにしたものがたくさんありますね。

最近、私は体を動かして遊ぶのが困難な子どもたちに出会って、本を朗読することを試みています。そうすると呼吸や食事も困難な子どもが目を皿のようにして私を見つめているのです。大人が精神を高められるような本は、言葉を話さない子どもにも訴える力をもっています。

5 高いところに登る子ども

●高いところへの憧れ

M　どの子どもも高いところに憧れるのは分かっていましたが赤ん坊のときからだということをはっきりと気が付いたのは、最近孫と付き合うようになってからです。

『保育の体験と思索』に書きましたが、幼稚園の子どもから誘われて滑り台の上に登ってみたり、滑り台の下に作ったゴザのお座敷に寝たりすると、自分の中に天と地が意識されますね。それは単に空間の知的認識だけでなく自分の精神世界に天の高さと地にある人間の低さを学んでいるように思います。

F　その話は大学の附属幼稚園で子どもと遊んだときのことですね。誰でも経験する保育の中の小さな出来事から大人自身の心が深められていくあの話は、私も共感しました。自分の低さから見るから余計憧れが強くなるのでしょう。

M　愛育学園の子どもたちの中には高いところが特別好きな子どもがいますね。あの子も、この子もそうだったと次々に子どもの顔が思い浮かんできます。

高い木や遊具の上で風の自由さを感じたり、雲が形を変えて動くのを見たり、孤独を楽しんでいたりするのでしょう。

F　でも、どんどん建物の上に登ってしまう子もいますね。

大人も登れないような高さのところに登る子どもは、こわくないのでしょうか。

M　大抵の子どもはある程度の年齢になるとそんなに高くまで登らなくなります。子ども時代だけの出来事といえるでしょうが、子どもにはそれだけ高さに憧れる気持ちが大人よりも強いのだと思います。

子どもたちは高さに憧れる気持ちを言葉ではなく実際に登ることで示すのでしょう。いままで落ちて怪我をした子は愛育ではいませんよ。でも、保育の中で子どもが高いところに登って落ちないようにすることは本当に神経を使います。

落下のイメージ

F　落ちるこわさは大人の方が強いのでしょう。

M　落ちたその結果に対するこわさですね。

F　以前愛育学園の小さい子が、自分の家の二階のベランダから身を乗り出して、いくら注意しても足をかけて乗り越えようとするのだそうです。それで『そんなことしたら落ちて死んじゃうよ』と強く叱ったという話を登園した母親から聞きました。ところが、その日この子が愛育でやった遊びは二階から一階に行く階段の上から下に向かって、両手を伸ばして泳ぐように腹ばいでスルスル落ちるというか、滑り下りるような遊びでした。始めはなんだか分からなかったけれど、その場で見ていて何回も子どもが繰り返す様子からお母さんの言った『落ちる』ということを実感しようとしているのだと思いました。

M　私もそのお母さんが真剣に怒った『落ちたら死ぬ』ということ、つまり『落下のイメージ』

と『大地の衝撃のイメージ』を体で感じようとしたのだとそのとき思いました。この子にとって言葉だけでは納得しきれないものがあるのでしょう。

斜面を滑り降りることは、遊びの中でやるけれど、高いところから落ちることは絶対にやらせられない。だからといって禁止や規制ばかりでもない。

そこに保育の問題が出てくるのです。

●保育の問題としての『落ちないように』ということ

F 幼稚園など何歳まではここまで登ってよい、というようなルールを作っているところもあります。しかし高いところに登ったときどんな注意をしたらよいか、どこに手や足をかけたら危険がないかを一人一人手伝って、その場で教えるといいと思いました。

M 子どもが落ちたり怪我をしないようにということは真剣な問題ですが、それだけに心をとらわれていると、保育者が監視者になってしまいます。それでは子どもとの人間的な関係つまり保育的な関係はできにくいでしょう。落ちないようにというか、登らないように見張らなければならないときもありますが、そんなとき子どもの方が大人との距離を保ちながら大人の気持ちを試していることもあります。大人たちがみんなで高いところが好きな子に気を配り、大人同士も支え合っているときは監視者にはならないのです。その反対に人手がなくて自分一人が見ていなければならないときは、子どもがちょっとそちらに体を向けただけで身構えたり、そちらに走ったりしてしまいます。そんなときは保育者であることと、危険を回避する役割とのあいだでちっとも楽しめないのです。

F あるとき入園して間もない男の子が遊具のてっぺんに立っていました。その子の運動能力は分かりませんので気が付いて何人かの保育者が下から見上げていました。みんな心配そうな表情なんです。子どもが上から見た大人の顔は心配と困惑の表情ばかりだと思ったことでしょう。そのとき一人の保育者がさっと登って高いところにいるその子を小脇に抱えて降りて来ました。本当にびっくりしました。

M その場面は私も覚えています。誰もがその保育者の真似はできません。でもすごい。ここでは子どもの危険を守るという保育の出発点が、子どもと体を触れ合わせるところから始まっている。そこから始まって子どもが自分から降りてくるというところにまでいくのには、実に長い丹念なかかわりが必要です。

いつも言うことだけれど子どもが下に降りてくると大人は安心してしまうけれど、それから本式の『保育』が始まるのですね。

子どもからの誘い
― 大人が監視者ではなくなる

F 一人の保育研究者の話によると、女の子が屋根に登らないように見ているように先輩保育者から言われたとき、子どもにたいして保育者ではなく監視者になってしまった。にこやかな表情を装いながら少しでも屋根に登りそうな素振りをすると即座に引き留めようとしていて、そのことに「心苦しさ」を感じ、「居心地の悪さ」

を感じている。子どもの方もそのことが分かっていて警戒するような目つきで保育者を見ている、というのです。結局屋根には登らず降りてきたあと部屋の中にはいって「自らトランポリンに乗って、私を直視し、両手を差し出してトランポリンに乗るように誘った」とあります。

M 笑い合いながらトランポリンを跳んだ、子どもと大人の喜びは目に見えるようですね。

F これは私の考えですが、トランポリンていうのは上昇と落下の遊びです。落下を恐れて緊張した子どもと大人が、関係を回復するのに最適な遊びだったと思います。

●大人が保育者になること

M いっしょにトランポリンを跳び合うことで、緊張関係にあった二人が柔らかないい関係になる。誘ったのが子どもからだということも興味深いですね。子どもに誘われたことによって『大人が保育者になる』ということは示唆に富むことだと思います。子どもが高いところに憧れをもつことの反面に、高いところに登ると落ちる危険性も出てきます。その両面を共有する大人がいなければ、どこでも子どもの内面は豊かな成長をなし遂げることは出来ないと感じました。そして大人も管理者や監督者でしかないものになってしまって、人間社会がますます潤いのないものになるでしょう。

6 自分の居場所を探す

●こんなに高いところを自分の居場所とするのは

F 養護学校の子どもたちの中には自分の好きな居場所がとても高いところで、大人がはらはらすることがありますね。

M 始めは高いところへの憧れであっても、やがてひとりで高いところから下を観察しているのかもしれませんね。本気で自分に心をかけてくれる人が分かるのです。

F この子たちは大人が自分をどこまで受けいれてくれるかどうか、もっと違う自分を期待しているのではないかと敏感に感じているのでしょう。

M 以前、高いところに登るのが好きな男の子が塀の上に登って降りてこないとき、私はいろいろ試みた後、「きみは言葉は話さないけれど立派な男の子だよ」と言ったら塀の上から私の肩の上にすっと降りて来たのです。それから、私とその子は特別に親しくなりました。

F 高いところに登って降りてこない子どもも、大人が見方を変えると子どもの気持ちが変わって、塀の上から降りてくるのですね。

M 子どもの行動を関係の表現と考えて、自分の思い方や考え方を変えることは、結果的に子どもを変えることになるのです。

『居場所』について考えさせられた子どものこと

Ⓜ この夏の研究会（和歌山表現保育の会）で語られた幼稚園の年少組の三歳の男の子が座布団を持って登園し、家に帰るときには毎日持って帰らずにはいられない。園で遊んでいるときも持っていると話されました。

Ⓕ 好きな縫いぐるみとかタオルを持ってくる子はしばしば見られますからそれと同じで、珍しい出来事ではないかもしれませんが、誰もが心を打たれたのはあの子の表情でしょう。

Ⓜ そう、そして表情の変化です。

私はあのビデオを研究会で見ましたが、あのように表情が変化するにはきっとこの子のことをしっかり受けとめる保育者がいたからだろうと思いました。

Ⓕ あの男の子が三歳児の中でも三月末の生まれで幼いこと、下に赤ちゃんが生まれたこと、家では市販のビデオを繰り返し見ていたことなどが分かってきました。それでもあの呆然としたような表情は存在感のない状態の子どもではないかと思いました。座布団を持っていることもその証拠の一つです。

大人は子どもが存在感を持つことにどのようにかかわれるか

Ⓕ あの研究会のビデオは三歳の二学期になってからのものですが、入園したころほとんど一学期間泣きとうしたということが話されました。そんな間もお母さんの縫った座布団を手放さなかったと言います。どうなるか先が分から

ないまま持ちこたえるのは大変なことです。大声で泣く子を先生が抱いてどうしていいか分からないような様子でいると、周囲の先生たちはもっと違うやり方があるのじゃないかと考えたり、この子は自閉症ではないかなど、みんなの中に心配や憶測が出てくるのが普通かと思うのです。

M　目線が合わないことや、他の人と関係なくビデオのヒーローのまねをして独り言をブツブツ言っていることなどから、自閉症と考えられることもあったでしょうが、記録のビデオを見て私はそうは思いませんでした。入園後の一学期その子が自分の違和感や不安感を、それだけ泣くという行為で表現できることに気が付くと、始めは重要視していなかったが、泣くことと抱かれることがとても大切なことに感じられました。

　年少組の三学期の始まる日、自分で長い時間かかって椅子に座布団をつけていましたね。椅子を動かして何とか座布団のゴムが椅子の背に引っ掛かるようにと、本当に苦心していました。そのことをやり終えることと、自分の居場所をきめて自分の心のありかをしっかりつなぎとめることとが重なってたように見えましたよ。

F　それからですね、担任の先生とふざけっこをしたり、友達に誘われてやっと手をつなぐことも出てきました。

●心の拠り所としての居場所

M　『居場所』というのは単なる物理的空間とは違います。人が生きる空間です。守られて安心できる空間、一人でいることも人と交わることもできる。自分から出て行ってまた戻ることができる場所です。

そこにいる人を信頼できるとき、自分の存在が確かにされるのです。その中で子どもは成長することができます。

F ああなるほど、成長することは新しい自分自身になることとも言えますから、心の拠り所がなければ不安が大きくて、いつまでも赤ん坊でいたくなりますね。

私はバシュラールのいう『幸福な空間』という言葉や考え方が好きなんです。

その感覚を家庭でも、幼稚園や保育所でも、もっとつくりだすことができたらと思ってきました。守られた安心感と、ここではありのままの自分を出していられる。ありのままの自分は変化することも出来るのですね。

M 研究会のための冊子には担任の先生たちだけでなく、園長先生はじめいろいろな先生がこの子とのかかわりを書いています。園の中ではどこへいっても温かな目を感じながら動けることは子どもたちと先生たちにとって素敵なことです。

F 六月になって年長組になったこの子が、先生とやまももの木を見にいって、実を取って食べたり、友達にもはさみで切って分けてあげたり、その途中でアジサイの花についておしゃべりしたりしているのが、何とも言えず自然で好ましい場面だと思いました。そんなことができる庭先があることが、幼い子どもの生きる場所として最もふさわしいと思うのです。

M そのことは障碍をもつ子どもについても同じですね。広い校庭だけでなく、自然をたのしむ庭先があることが存在感を養う場となるのでしょう。

●子どもの危機への大人たちのまなざし

M　いつも言っているように、そこが自分の場所であるという存在の確かさは人間成長の基盤です。守られた内側の空間があること、日常いっしょに生活する人が自分を信頼してくれていることが、子どもの存在の確かさを作ります。それがないとき雲の中を歩くように心の拠り所がなくなって存在の危機になります。

F　子どもが家庭の中で存在の危機になるのは、引っ越しなどで自分の生活の場が失われたように感じられたときと、下に赤ん坊が生まれたときだと思います。自分のものだと思っていた母親の膝を赤ん坊に取られることは昔からあることです。そのことが現代では子どもの存在感の危機を招くのは、上の子を大人たちが慰め、豊かな自然に気持ちを向けることよりも、ビデオなどを見せて子育てを楽にしようとする考えがあるからのように思います。

M　それぞれどの家庭も人生のステップで困難がありますから、現代の家庭だけにそれを負わせることはできません。幼稚園や保育園の細やかな保育の中での支えがどんなに大切かを考えさせられました。

第六章　言葉のない子のコミュニケーションと遊び

1 S子さんの場合

●毎朝意気込みをもって学校に来る

M　今日は、愛育養護学校で長年保育をしておられる玉木喜美子先生に来て頂きました。今日話に出るS子さんは玉木先生が担任をしておられました。毎朝登校すると、待ちかねたように隣の幼稚園に行きます。

この日もいつものように幼稚園に行ったとき、その日がいよいよ劇の最終の稽古の日で、子どもたちは舞台の上に上ってやっていたんです。

F　衣装も着けて？

M　ええ、衣装も着けて。S子さんは、私の膝の上に座って三十分くらいじーっと動かずに見てるんです。いつもだったら少しするとあっちの部屋、こっちの部屋へと動くけれども、こんなにゆっくりと私の膝の上に座って見てるってことに、私は非常に驚いたんです。

S子さんは演出家

M そして昼過ぎに学校に帰ってきたら、しばらくしたらS子さんが学校の大人をつかまえて、劇遊びをやっていました。

T それは、白雪姫をやってたんです。

その日は誰が白雪姫をやっていたかしら。

M S子さん自身じゃない？

T S子さんはね、もうこの頃白雪姫の衣装を着ないんです。演出家に徹してるんです。

M 私が見たときにはリンゴを実習生に食べさせていました。

T じゃあやっぱり実習生が白雪姫だったんですね。その日の出来事っていう風に限定はできないんですけど、その頃S子さんがよくやっていた遊びは白雪姫で、だれかを白雪姫に見立てて彼女がリンゴを差し出すんです。白雪姫がそれを一口ぱくりと食べるとウッとのどに詰まらせて倒れる。そうして他の大人や子どもを集めてきて、その倒れて息ができなくなった白雪姫の周りに集まって、おいおいと声を上げて泣くんです。S子さんは周りの人がおいおいと泣き悲しんでいる様子をすごくよく見ていて、その場面を何度も何度もやり直させるんです。私たちは白雪姫のストーリーを知っているだけに次の展開をしたくなって、倒れた白雪姫のほっぺたにキスをして白雪姫が目覚めるっていう所に行きたがるけれども、S子さんはまたその復活した白雪姫の口にリンゴを食べさせて。

F 面白いですね。

T 小人たちが白雪姫の死を悲しんで泣くっていうところを、何度も何度もやるんです。

F そういう演出家としては、この人は言葉なしでどういう風に指示するのですか？

T 最初に泣けっていう風にはいわなかったと思うんですが、ちょっと離れて立っていて、口元に笑いを浮かべながら見てるっていう風です。

M 私は幼稚園から戻ったばかりで弁当を食べようと思っていたら、S子さんが私の手をぐいぐい引っ張って三角の帽子をかぶせて小人にさせ、その実習生の人が倒れてるところに連れてってここで泣けっていうのです。ただ泣いたんじゃダメでね、実習生の人の上にこうかがみこんでね、そして泣けって、もっと泣けって。

T そうですね。

かならず伝わるという信頼

M それで私も、この人は白雪姫をやりながら、泣く場面を、特別に強くやってるんだってことがそのころになって初めて分かりました。

F もう初めから白雪姫だってことは分かってました？

T えっとね、一番最初はリンゴですね、プラスチックのリンゴを食べさせるっていう場面から始まったんです。だから白雪姫っていう設定から始まったのではなくて、そのオモチャのリンゴを口にして、相手のスタッフがウッとこう倒れるというところから発展していった遊びだったんですね。S子さんはビデオをよく見ているお子さんなので、白雪姫の話は下敷きとしてはあったと思います。

M　実習生の人と私の他にもいろんな人を、引っ張ってきてね。

T　主に白雪姫になるのは若い男性のスタッフで、他のスタッフは大体小人役で、劇遊びが発展するようにって少し小道具を買ったんですね。帽子を買ったりとか。それで少しふくらんだんです。ただS子さんの一番の関心事は、その中でもやっぱりこう倒れた白雪姫の周りで悲しんで泣くっていうところが一番のポイントなんだと思うんです。

身近な人の死と赤ん坊の誕生を経験する

T　その劇遊びを始めた時に、S子さんの様子を見ていた別のスタッフが、二年くらい前に亡くなられたおじいちゃまの死と重なって見えるっていう風な印象をもちました。S子さんの遊びを見ているととても生きることと死ぬことをテーマにしている遊びが多いように思うんです。お母様が出産される時にはまだお腹に赤ちゃんがいた時だったんですけども、砂場にこう大きな穴を掘って自分がそこに頭から入って丸くなってみたりとか、それをその日始めてきた実習生が見ていて、「なんだか胎児のようだわ」って言って、初めての人にもそういう伝わり方をしたというのがとても印象深かったですね。それからあの人の好きな遊びの中で、昆虫を選んでそれを丹念に見て、青虫なんかを蟻の巣の中に落としてみて蟻が群がる姿を見ていたりとか、そういうテーマが多い人だなっていうことは感じます。

M　そもそも私とS子さんとの出会いもその関連だということが後になってから分かりまし

た。私がS子さんとほとんどつき合いもない時に、そっと来て私の後ろから手を触ったことからS子さんとのつき合いが始まって、それからもう一年以上になりますね。

T やはりおじいさまが亡くなられた後でした。

M そうです。

F 死ぬ場面というのはS子さんにとって、体を揺さぶったり周りの人が泣いたり大騒ぎするっていう、そういうことなのでしょうか。

T 大騒ぎっていうより、もっとこう深い悲しみっていうか、そういう思いをあの人が再現させてるっていう風に私はとらえています。その形のことじゃなくて思いの部分をそういう劇遊びの形をとって追体験しているような印象をもちます。

分かってもらえなくても努力する

M その劇遊びをやった日の前の時間に幼稚園に行った時に、欠席の子どものロッカーを見てこの子が欠席なんだよって、鞄がないからすぐ分かるからそうやって私に知らせてくれるということがありました。その前の日もさらにその前の日もそれはあったんだけど、その日は、S子さんがさわっていた一つのロッカーに鞄がかかっていた。だから私はそのロッカーの子どもは欠席じゃないと思った。それでも、S子さんはどうしてもその子のところをね、ドンドンたたいて私に何か知らせようとしました。あんまり大きな声を出すので、他の子どもたちが「あ、その子、鞄があるけどね、欠席なんだよ」って教えてくれた。鞄がおいてあってもその子は欠席で、先生が、「そのお子さんは、午後になって来るかもしれないんです」て私に教えてくれた。そういう細かいことを、S子さんは分かっているのね。分からないのは私だけ。そういう場面ていうのが他にもきっとあるんじゃないかということを、私はこの日思わされました。

死と欠席――不在のイメージ

F じゃあ、死っていうのは欠席みたいなものなのでしょうか。

M 欠席というのは死みたいなものなのですね。

T いないっていうことでね。

F その場にいないっていうことは。

T おじいちゃまが亡くなった時の思いみたいなものは、なかなかその当時のS子さんの様子からだと察せられない感じでしたね。だから今のその白雪姫の遊びがそのことと本当に直接結びつくかどうかっていうことは分からないけれども、本当にそういう意味ではS子さんは「悲しい」とか「どうしておじいさん、いなくなった」っていうことを、言葉で表現したわけではない。家庭からもそういうような説明はなかったんですけども遊びの中で、S子さんが心の中に持っていたことを表現できる機会になっているのではないかと思いますね。そういう意味ではS子さんはとても表現する力の旺盛な人なんです。

M 大きな声を出したりドンドンたたいたりするのは、知らない人から見たら変な事をしてるとしか見えないかもしれないけれど、そうじゃないっていうことは、ここまで話してくるとよく分かりますね。

F そして隣の幼稚園の子どもたちがそれをある意味では理解してくれる。

M 私よりずっと早くに分かっている。

●理解されない時にはドンドンたたいたり大声になる

T そういう意味ではS子さんは他の人に対してとても信頼の気持ちを寄せていて、自分の理解者になってもらえるっていう自信を隣りの幼稚園の中で育ててきたと思います。

M 今のロッカーの場面でも、みんなが分かったらもうそれでピタッと大声も出さない。

T 時々S子さんと一緒に行く私は、クラスの一人一人のことは分からないけれども、S子さんは皆のことを把握しているんですよね。いつの間にか。

M S子さんが劇遊びで何かを言おうとしてるっていうようなことは、今の白雪姫の劇遊びの他にもあるんですか。

T 劇遊びについては今はこれ一本ですね。こちらの思惑としてはS子さんにも劇の登場人物になって、劇のなかの人物になる楽しさを体験してほしいっていう気持ちがありましたが、どういうわけか今は徹底して演出家なんですね。人を呼んできて役をあてがって自分はそれを離れたところから見ている。だから全体を把握するコーディネーターの役を今はしているんです。

F だから時間的に言えばもう過去のことを、離れた距離から見る、全体を見るってことは未来じゃなくて過去のことを見ることでできるのかしら。

M 人によってはそういう演出家になりたいと思う人もあり、人によってはそれじゃあダメでその中の一員の俳優になりたいと思う者もあり、人によってそれぞれなんでしょうね。

●子どもの悲しみ

F S子さんは泣きますか？

T 滅多に泣かないですね。怒り泣きはありますけれども悲しくて泣くっていうことはないですね。

F 怒ることはやりやすいんだけども、悲しむってことは難しいことなのかしら。

T M先生はS子さんが悲しくて泣いているのを見たことがありますか。

M 私はあんまりそういう場面を、S子さんについて見たことはない。

T 怒り泣きはありますけど本当にこう何かさめざめと泣くとか、しくしく泣くみたいな場面はないですね。ただ今の生活のありようとか、S子さん自身がとても理不尽に思っていることとか、なかなか家庭の中でも分かってもらえないこととか、どんなに悲しいのだろうってこちらは推測するようなことはいっぱいあります。でもやっぱりS子さんの様子を見てると、地団駄ふんで怒って泣くみたいな表現はありますけど、悲しむっていうのは今のところないですねえ。

S子さんが例えば幼稚園に行った時に舞台を見る時でも、あの人はね裏側も見ようとするんですよ。舞台の裏側。人形劇の人たちがボランティアで来てくれた時も、表の楽しさの他に裏はどうなってるかっていうのを必ずあの人は見ようとするんですね。そういう視点がすごくS子さんらしいなと私は思っています。だから事の全容がどうなっているかっていうことをあの人は知りたくてたまらない。表だけじゃなくって裏ではどういう風に人が動くのかとか、どういう仕組みになっているのかっていうことを知ろうとしているように見えるんですね。そういうような自分を取り巻く事柄の把握をしようとしているように見えるんです。

子どもは全容を見る、大人は一部で分かったと思う

F 子どもは言葉があるとかないとかっていうそういうことを取り払って考えて、全容を見たいと思うのでしょうか。部分じゃなくて全部知りたいという気持ちがあるのでしょうか。

T お子さんによっても、本当に極端に正面だけ見てる人もいますよ。けれどもS子さんはそうじゃないんですよ。裏側も見たいのです。

M 大人は、見えたところで一面的に見てそれで結論を出してしまう。そういうのが大人の習癖ではないだろうか。そうすると子どもは大人が普通に考えているよりももっと多くのことを分かってると私は思います。それは愛育の子どもたちについても同様で、大人はちょっと見てこの子はこれが分かるとか分からないとか、それで済ませてしまうけれども、そうじゃなくてどの子どものことを考えても大体において我々が分かっていること以上に、全体のことを、あるいは全体の一番大事なところを分かっていると思います。そのズレというのが、特に障碍を

もった人たちが世の中から理解されない部分になってるんじゃないかしら。

T S子さんは探求型の人ですよ。それがとってもね面白いんです。あの人のそばにいて。

子どもの行動を理解できずに付き合ううちにその子の意図が見えてくる

F S子さんは何か物を作ったりしますか。

T あの人はとっても視覚で捉えることが得意なんですね。最初に驚かされたのが、愛育病院に行った時のことです。あそこには大きな振子時計があるんですが、夏休みに病院に行った時に、S子さんは小麦粉粘土でいろんなものを作ってたんですけど、きれーいな振り子時計を作ったんですね。それがとっても緻密にできていて、その話をお母様にしたら「実は愛育病院に行って待合室にかかっているその振り子時計をとってもよく見てた」って言っていたのが、三年くらい前の話なんです。非常に手で物を作る事が得意な人です。本当に一つのことをかなり完全に自分でやりきるまでやれる人なんですね。継続して。

M 私とつき合うようになってからもそういうことがいろいろありますね。四色か五色、折り紙をごそっと持ってくるんだけど、その中から選ぶ色が決まっていて、それをちぎって床の上に置くんです。初めは何やってるんだか分からなかった。かなりの日数が経って後に分かったことは、それをおもちゃのフライパンの上に乗せてお料理をする。それが分かるのに私も随分時間がかかりました。次には本物のお料理になっていくのね、それが。

T そしたらもう熱心にお料理です。本物の。

M しかも細かいんだよね。

言葉でない表現を受け取ろうとする大人がいること

T 最初の頃は即席のクッキーミックスで熱心に作っていたんですけど、今はもうそれを粉の調合からやるんです。自分で。こういう風な物を作りたいっていうイメージは彼女の中にはっきりあるんですよ。だからこの間、男性の保育者がつき合った時に、この人ではらちがあかないと思ったみたい。お料理の得意な人のサポートが必要だっていうことは、S子さん自身も分かっていて、自分でも粉を調合してみるけど失敗もします。ものすごく固くて、形も美しくないものができちゃったりして。女性のスタッフだとS子さんのやっていることに横から口を出しながらも共同で作り上げるみたいなことを、何度も何度も体験しているので、今は本当のお料理を熱心にやってます。

M それから学校の庭に秋になると姫リンゴが実って、この前はこの姫リンゴでジャムを作ろうと思って他の子で成功したことがあったので私はS子さんにもそれをやろうと思って、職員室の脇のガス台の所に持ってきて作ろうとしたら、S子さんの考えがあってね、お砂糖をどう入れるとか、その他に何をどう入れるってことがちゃんと考えがあるのに私には分からないもんだから、あっちこっちの引き出し開けたり、それじゃない、あれじゃないって本人はねいろいろやっている。そのうちにもうなんだかわけ分かんなくなってしまいました。

T でもちょっと、姫リンゴのシロップ漬けみたいなのはできましたよ。S子さんのお料理の棚を用意してあげたいなと思うぐらいです。

S子さんは周囲の出来事を取り入れながら自分独自のものにしていく

F S子さんが白雪姫が死ぬ場面を何回もやったことから話してきました。おじいちゃんの亡くなったことを、劇遊びによって再現して理解するという話でしたけれど、お料理もそういうやり方で自分のものにしていくのでしょうか。

T そうですね、結構S子さん自身の造形的な遊びのモチーフっていうのは、教育テレビや、子ども番組でやっていることを引っ張ってきて、あの人が取り込んでやることは多いですね。

M それもあります。私はテレビを見ていないからどこでそうなるのか分からないけれど、そこからアイディアを得ているかもしれない。S子さんはそれを自分のものにしている。

T S子さん独自の活動になっていくんですけどね。なかなかそこが他人に理解してもらえないんですけど。

M 言葉を話さないが、でも心の中ではいろんなことを考えている。それを外に出そうとすると大人からは評価されない。それをちゃんと分かってあげて、ある程度ずつ満たしながら生活できるようにすると、もっとどんどん生活が豊かになるでしょうね。全体の教育の中でも、そういうことがいっぱいあるんでしょう。

一日を充実させて学校から帰っていく

F　S子さんは今何年生ですか？
T　今、三年生です。
F　S子さんがこれから先、どういう風に成長するのかは分からないけれども、S子さんの気持ちや表現を受け取って、理解したと思う人が周りに一人でも増えることによってこの人は生きられる、そう考えていいのかしら。
T　生きやすくなるんでしょうね。S子さんらしく生きやすくなると思います。
M　そうでしょうね。だから本当にS子さん自身がやろうとしていることを手助けしたいっていう思いでいる大人がいたら、あの人の表現はどんどん豊かになると思うんです。そこですよね、本当に今のS子さんにこちらができることっていうのは。
S子さんが毎朝、学校に来る時の意気込みっていうのを私は毎日感じてる。あの意気込みをどうやって受け取れるだろうか。
T　本当に嬉しそうですよね、今。
M　そして一日を実に充実させて帰って行く。でもその間では今日話してきたようにしょっちゅう分からなくてとんちんかんやってる。

必ず通じるという自信と信頼

T　S子さんが大人に分かってもらえなくても、あとに引かなくなりましたよね。相手の大人が分からないっていうことに対して「じゃあこれではどうだ」というような、「これなら分かるか」っていうことを、諦めないで伝えるようになりましたね。それは嬉しいことですね。

その人で分からなければ別の大人を連れて来るっていうことで、S子さんは諦めないで伝えようとします。

M そうね、必ず通じるはずだっていう自信を持ってるのでしょう。

T そういう自信がありますよね。そこが大きく成長した点かなと思っています。

M それは言えますね。

T だから結構S子さんの言うことがすぐ分からなくっても、こちらもそんなに焦らないで、「え、何?」っていうことを聞き返せたりとか。分かりたいと思っているっていうことを伝えるとS子さんがそのことに対して応えてくれます。そういう信頼はお互いの間にありますね。

F 必ず伝わるという自信と信頼ね。

2 N君の場合

●N君の「油揚げと小松菜ものがたり」

M　これまで述べてきたS子さんのように、これだけ心の基礎ができていると、成長していく途中で分かってもらえないことがあったとしても、それはそれなりにあの人は他の人に分かってもらう努力をいろんな形でやっていきます。ちゃんとそこから自分の生活を作っていくんじゃないか。私たちが、このことを学んだので、この経験を生かして、後に続く子どもたちもしっかり育てていきたいと思います。

F　私は今、N君のことを思い出しています。N君は二十歳の成人式を終えてずっと大きい青年です。そしてやっぱり言葉が出ない人だけれども、N君のお母さんが「この子は言葉で伝えることができないから、自分でお使いに行った先で何を買ってくるかを見るとその子が望んでることが大体分かる」と言っていました。ラーメンをいっぱい買ってきたり。ある時小松菜と油揚げを買ってきた。もともとそんな物は好きじゃないのにどうしたんだろうと思っていると、先頃おじいちゃまとおばあちゃまの所の娘さん、つまり伯母さまが亡くなってとても悲しんでいらした時、お母さんがそれを慰めようと思って小松菜と油揚げの煮浸しを持っていってあげた。そしたらその子は材料を買ってきて、刻んで煮ろって言って、煮たらそれを持っておじいちゃまとおばあちゃまの所へ行こうっていうことを態度で示したってお母さんがおっしゃいました。この子たちは自分のおじいちゃまやおばあちゃまがかわいそうだという思いを伝えたいと思っても、努力しないと伝わらないんですよね。それが伝わった時には本当にみんなが嬉しくて、それからは毎週土曜日になるとその煮浸しを持ってその子は訪ねて行くようになったという話をされました。

それだけ努力するっていうことはそれだけ思いが深いっていうことでもあるんでしょうね。悲しいことやつらいことに対する同情心があるんだって私は思いました。

M 本当にその通りね。N君がこんな風になるなんてことは全く分からないでただひたすら大人から見れば毎日同じように水遊びをしているように見えました。あまり価値のないように見えることを続けていて、その中に何か大切なことがあるに違いないと思ってみる時のその時間の長さは大変なものでしたね。それもまた現実ですね。

分からなくても何か大切なことがあるに違いないと思って支え続けた日々

M 何かがあるに違いないと思って支える時には、人にはそんなに分からないけれども、小さなことで何かを大人も発見しながらやってるんですよ。

こういうときの保育のコツは小さなことに目をとめ、ごくわずかながらその日にN君が分かってくれそうなことを考え出してやる。それが積み重なって私はいまのN君になったと思います。

そして、今、S子さんが他人から分かってもらえなくても、決して気持ちが崩れないで、分かるまで頑張るっていうようなこと、いろいろと人を変えたり状況を変えたりして提示して相手とのコミュニケーションを作れるということが、これからどういう風に展開するかとても楽しみです。

F 未来は分からないけれど、N君のような人を見ると、ほかの人から保護されるだけじゃなくて人を支える人にもなっていけるという、明るい未来を予感できますね。

M 何かがあるに違いないと思って支えたらそれらが実ってきて、私たちを驚かしてくれる。

T 本当にそうですね。

●現実・過去・未来と解釈ということ

M それでね、私たちはある時から『解釈』って事を言ってきたでしょう。解釈というのは、決して確実にこれがこうだっていう風な断定的なことは言えない。いつでも、そうかもしれないというところにとどまりながら、しかもその中に一縷の真実さはあるんだからそれを手がかりにして次を考えていくんだが、そこに確実さは求められない。それは過去から考えるというよりもむしろ未来から考えていくといってもよい。それはいつでもプロセスで、プロセスっていうのは過去からのプロセスだけじゃなくて未来からのこともあるわけで、未来を拓いていく、そのことを同時にやりながら過去というものを考えていく。

F そうすると過去が生きてくるのですね。分からないこと、変なことやってる、と思っていたことが未来と出会った今から戻って考えると意味あるものとして生きてくるんでしょうね。

M 大人は非常に一面的だから、さっき言ったように、大人になってしまうと頭が固くなってしまう。見方が一方的になってしまってそれ以上に向こう側から考える柔軟性を失ってしまって、それで過去だけを考えていて今を解釈してしまうから間違ってしまう。あるいは未来からだけ考えて間違ってしまう。その全部が同時に起こっていて、それを全体から、考えていくんじゃないかしらね。子どもはさっき言ったように、すでに分かっている。

第七章　この子と生きるうえで大切にしてきたこと

●この子に『惚れ込む』

M　障碍を持つ子どもに付き合っていると『惚れ込む』という言葉がぴったりするのです。

F　この子に『惚れ込む』というとずいぶん過激に聞こえますけれど……。

M　この子を愛する、この子と楽しむ、などいろいろの言葉や表現があるけれど、私の付き合ってきたお母さんたちの中には、『惚れ込む』というのが一番ぴったりくる人が何人もいます。かわいいという情だけでなく『惚れ込む』という言葉には尊敬が含まれているように思います。この子の持っている感性やひとつのことに熱中する姿勢に、尊敬と愛情を持って支えながら生きてきたのです。

F　そう、尊敬と愛情ですね。

電車のことなら実によく知っている子、箱が大好きな子、会社の名前を知っていていくらでも書ける子、など何人もの子どもの顔が浮かんできます。確かに魅力的ですよね。

M　だからといって『○○ができる』ということにだけ尊敬をはらうのではないですね。ひとつのことにわき目もふらず夢中になる姿勢が、私たち大人の心を打つのでしょう。周りの人からどう見えるかを気にしながら大人たちは生きているから……。

愛育学園にはたくさんの人が実習に来てくれます。何年もボランティアを続けている人もいますが、この子たちの素朴なひたむきさに惚れ込んでいるのだと思いますよ。

F ひとつのことに熱中することを自閉症の特徴として否定的に見る人もいます。

M 他の人とのコミュニケーションが広がらないとか、もっと役に立つことを学んでほしいと考える人もいます。しかし、長い年月で見たらかえってその個性のせいでいろんな人から認められ、自信を持ってやる安定感ができてくるのです。

この子の願っていることを理解し、かなえてあげたいと思う親、保育者

F 『惚れ込む』という言葉からすぐ頭に浮かぶのはS君とその家族、とくにお母さんのことです。S君は初めての子で、お母さんは実にまじめに子育てに取り組んでいました。分かりにくいS君の心を理解しようとするお母さんは、私たちがいつも言っている『こどもの側に立って考える』ということを身につけ、実行していました。

S君が愛育の家庭指導グループに参加したのは五歳位だった思います。

M そうね、そのころ職員室から新しいクレヨンや折り紙を教室に持って来て、スーパーの陳列棚のように並べました。スーパーの店員さん

のように空いた段ボールの箱はつぶしますが、その仕草はお店の人とそっくりです。でも、そんなにたくさん新しい教材の文房具を全部だめにしたらどうしようと、私にはためらいがありました。他の人の目も気になり私の心も揺れていました。S君はお店の人と同じようにやるのですから、決して汚したりしないことが分かってきて、他の人からも認められるようになりました。

F 学校から家に帰る途中、ターミナル駅のデパートでクッキーの詰め合わせの大きなものや、お茶の缶の詰め合わせなど、立派なものをほしがるようになりました。とても高価なんですよ。そのうちS君の家の表通りにごみの集積所ができて、贈り物の季節には缶や箱が出されるのを二階の窓から見ていて、汚れないうちに取ってきて集めるようになりました。

●本当の願いを現実の中で実現する方法を丁寧に探す

M この展開で子どもの願いにそってやることが大切だと自信を深めました。大人たちもS君の好きな缶や箱をとっておくようになりました。毎日のように買っていた缶入りの高価なクッキーは、買わなくてもよくなりましたが、次にはデパートのショーケースに関心を示したのです。

F そう、そのころお母さんはどうしたらいいか疑問に思うことを、私たちに度々話してくれました。私たちにとっても思いもよらない出来事を考えるチャンスになりました。

M そういう意味では職員も親も研究者も同等

に話し合いました。

F　S君がショーケースに並々ならない関心を示しているうち、ついにお母さんのドレッサー（縦長の三面鏡）に目をつけ、これを使って自分でショーケースを家の中に作ってしまいました。いい具合にドレッサーには蛍光灯もついていました。

M　本物みたいだね。そのころのS君は美しい商品の並んだお店を、自分の手で作ることを目指していたのでしょう。やっとそのことが分かってきましたが、その途中ではガラクタやごみのようなものをいっぱい抱えて、私に半分持ってくれと言われて閉口したときもありました。

●ともに生きることが楽しくなってきて

F　家ではS君がいろいろ持ち出すといけないので納戸との境のドアは閉めていたそうですが、このころからお母さんはドアのカギを開けました。そのときのお母さんの言葉がいいのですよ。『カギを閉めると向こう側にはここよりも、もっといいものがあると思って執着が強くなる』というのです。

こうしてカギを開け、部屋に缶や箱を並べる棚を作りました。おかしいことに、缶や箱の中には家族の下着や靴下などがしまわれていて、S君に断らないと取り出せないという時期もありました。でもそんな話は困ったこととして語られるのではなく、大笑いしながら話し合うようになりました。

M S君は愛育の小学部を卒業すると、公立の養護学校中等部から高等部へと進み、現在は福祉作業所に通いながら、陶芸や造形教室やその他の活動を自分らしく積極的にやっています。

●子どもが自分からやり始めたことは意味がある

M このことは私がいつも言っていることですが、その意味がすぐ分かることもあれば長い期間かかって見えてくることもあります。

S君が後になって小さな箱作りを始めたことでは、みんな驚かされました。箱の蓋と身がぴったりとあって、美しい千代紙が張ってあります。寸法はまったく計らないのですから、どうやって蓋と身がこんなにうまく合うのかは分かりません。

F そんなに美しい小箱を私たち女性にプレゼントしてくれるのです。それぞれの人に合った色のものをくれることには感心します。箱をとおして人とのやり取りがうまく成立するのです。最近ではお父さんやお母さんと三人で小旅行にいくのを楽しみ、わが家でやっている造形教室へのおみやげには箱に入ったお菓子を買ってきてくれます。

M でも中のお菓子はみんなで食べ、箱や包装紙や紐にいたるまで丁寧に持って帰ります。箱が好きなのは変わりません。

F 青年となって変わったのは帰るとき『次の造形教室は何月何日、来るときは一人、帰りも一人』と歌うように唱えていくことです。お母さんと一緒でない自分の世界を確認しているのだと思います。

M いまS君のことを話しましたが、どの子もそれぞれに素敵なものを持っていて、その子に惚れ込む人がいます。

●『気になること』から『惚れ込むこと』へ

F S君の成長を長い時間かかわりながら見てくると、最近保育の現場で言われる『気になる子ども』ということが私には気になってくるのです。いわゆる普通の子にくらべて偏りがある子を『気になる子』として相談所や病院に行くようにすすめ、自閉症とか、軽度精神障害とか、○○症候群などの診断を受けることになります。そこではどう育てるかについては触れません。

M それじゃあ親たちや心ある保育者は困惑してしまいます。この子のことが気になるならこの子の世界に関心をもち、この子の側に立って理解し支えることが必要でしょう。どの子も幼児期にはいくらかの発達的偏りがあります。

F それを心得て普段の生活の中でこの子の思いを大事にし、丁寧にかかわっていくことが家庭であり専門の保育機関でしょう。

M その中でひとつのことに夢中になったり、本気で面白いと思ったことを繰り返す子のひたむきさを私たちが否定せずに受け入れたいと思います。愛情と尊敬を受けた子は、自信をもって表現し生きることができるからです。発達の偏りを『気にすること』から『惚れ込んで育てること』へと変わること願っています。

ありのままを見て、深く理解すること

F 子どもと生きる中では、いろいろの出来事が起こってきます。

大人の目で見て、よいこともあれば、困ることもあります。予測できることから、思いがけないことまであります。どのように受け取ったらいいのでしょうか。

M 毎朝、私は、新しい日に出会って、昨日とは違う子どもの姿に驚くのです。私はその驚きを子どもと共有することが、受け入れることの出発点だと思っています。

F それは子どもの考えを理解する以前のことですね。

M そう、最初は理解しないまま驚いて、そのことをいつもの自分のやり方で対処しようとするけれど、それではうまくいかなくて思い直してみるのです。すると子どもが自分から始めたことには意味があるという基本の考えに、たどり着くのです。

F 受容とは、よいことも困ったことも受け入れることだと言われますが、受け入れるだけでは甘やかすことにならないか、という質問を受けますが……。

M ありのままの子どもを見て、外から見える出来事だけでなく、そのとき子どもが考えていることや、感じていることを深く理解することだと、私は思っています。

F そうすると子どものやることを、大人の価値基準でよいこととか、困ったこととか評価して見るという見方を越えることになりますね。

M 子どもの内側にあるものを、理解しようと

することは時間がかかりますが、子どもと出会うことが、とても楽しくなってくるのですよ。

自分を作り上げることに一生懸命な子どもたち

F 子どもたちは一人一人自分を作り上げることに真剣に立ち向かっています。子どもは困難に出会いながら、小さな成長のひとつひとつを、元気に成し遂げてきています。その明るい真剣さが私たち大人の心をとらえるのですね。

M 私は愛育学園で、一人一人の子どもとかかわってきました。ある期間はほとんど毎日。子どもの行為の中にその子どもの悩みや戦いがあることを思い、それが何であるかを考えようとしてきたのです。答えはその場では出て来ない事も多かったけれど、その子自身が自分を作り上げる道を探求していたといえます。その子たちの人生のひとこまとして、『現在の形成』に役だっていると思うんです。そんなことを言うと思い上がっているようだけれど……。

F 子どもが自分を作り上げることに一生懸命な時は、問題がなく円満に行っている時とは限りません。むしろ問題になるようなことをしたり、躓いたりします。その時子どもの成長期を見守っていた親たちも、人生の大事なことを学んできたでしょう。

M ええ、親はもちろんのこと、何よりも保育をしてきた私自身にとって、私の人生を作るのに欠くことのできないものを学びました。

M子さんの成長に触れて

M 三年位前のことですが、一日の終わりにM子さんが描きかけた絵を私は庭で見つけました。それを私は拾ってきてトランポリンの上においておきました。実習生が絵の具を出してきてくれて、この子は指に絵の具をつけて空を描き、手を洗いにいって、赤い実を描いて、また手を洗いにいき、何度も行ったり来たりしながら、絵を完成させました。

この子はとても気に入ったようで、トランポリンの上にこの絵をおいて長い時間見ていました。私はこの子の一生懸命にやったことと、その後の満足そうな様子に、昨日とは違う今日があること、これからどんなことが発展するのか、私も新しく気合を入れてやろうと思ったことを心に刻み、記録にも書きました。このような立派な絵を描くことはだれからも受け入れられやすいことですが、そうばかりではないことも起きてきます。

F それから三年位みんなが気合を入れてかかわったいま現在、M子さんの様子はどんなですか。

M 最近私の心に深く残ったことがありました。この子が庭で亀をいじっていましたが、亀が容器の縁から逃げ出そうとしていました。それを見ているうち、私は以前にこの子と隣りの幼稚園に遊びに行った時のことを思い出しました。幼稚園ではモルモットを籠に入れて飼っていました。M子さんはその籠に手を入れて外に出してしまいました。幼稚園の子にはいじらせないけれど、この子には特別に許してもらっていましたが、私は内心ハラハラしてとても気兼ねをしていました。私が周りに気を使っていることは、子どもには伝わったことでしょう。私は周りに気を使うそんな自分を嫌だと思ってきたのです。
亀と遊んだこの日は養護学校の庭ですから、私も気が楽ですけれど、亀を容器の外に出す時には『ちょっと待って』と言いそうになりました。でもM子さんがどうするか見ていようと思って、自分をおさえました。M子さんとやり取りしながらそばにいると、この子は自分で気を付けながらやっている様子が分かります。亀とのかかわりはとても自由で、だんだんと自然なものに変わってきたようです。後で気が付くと亀との遊びは二時間も続いていました。
お迎えがくると担任の先生に足を洗ってもらって、すっきりとして帰って行ったのです。

F M子さんはモルモットとか亀とかを迫力を持って触ろうとしたけれど、次第に相手のことを考えるようになっていたのですね。

M ええ、その通りです。そのことに私はとても希望を持って感じたのです。大人が注意したり、教えたりしなくても、思うようにやっているうちに、子どもは動物の様子を見て自制してやるようになるのです。目立たない出来事だけれど大事なことですね。

保育者は自分の心と向き合う

F これはあなたが子どもとかかわって現場で得た『保育の知』でしょう。いつもあなたが言われるように、外側から見た一方的事実とは違いますね。

M そう、子どもの内面に目を向け、体の動きや心の動きも見えてきて、そこで得た洞察を持って新しく子どもにかかわるのです。

F 子どもだけでなく、自分自身も見えてくるのではないですか。

M 私は自分自身が子どもに向かって心を開いているかどうか、その時の驚きや、戸惑い、疑問、それから、好奇心、興味、楽しさなどを、素直に受け止めているか自分を顧みます。大人はいろんな過去の記憶が心に浮かび、そのこととも向かい合わなければならなくなるでしょう。保育者は自分の行為を受け入れるだけでなく、その時の自分の心の状態を肯定し、新しく考え直す。自分の固定観念、常識を破って新しい自分に出会います。あるいはまたこんなことをやる自分を嫌だと思う。でも保育の中で同じようなことに何度も出会うから、より多面的に見ることができて『立体的な知』になります。途中で性急に判断し過ぎることは危険です。

F あなたはそのような省察を保育中にするのですか、それとも保育後にするのですか。

M どちらもありますよ。保育中の省察はどちらかといえば夢中でやっているから無意識が強く、保育後の省察は意識的で知的だと思います。そのどちらも大切にしたいですね。

この亀をM子さんと見ながら、私は毎週一日保育に参加している保育研究者の佐久間さんに、保育中の省察をどのように位置づけたらいいのだろうかと尋ねました。ドナルド・ショーンが同じようなことを書いているとすぐに返事が返ってきました。省察は、保育後のことだけではない、保育中にもなされていると。保育の最中には私は記録はしません。けれども動きながら身体で考えています。保育の実際は、時間的にも重なり合っていて力動的なものですね。

●子どもと「いま」を生きる

F 朝、子どもが目覚め、きげんよく自分から起きて来て、何をしようかと昨日の続きのおもちゃを見たりしているときは、大人も今日の一日の明るい予感を感じます。でも、毎日の生活の中ではいつもそうはいかなくて、パジャマのままいつまでもうろうろしている子どもを、追い立てて着替えさせたり、子どももぐずったりします。

幼稚園や愛育にやってくる子どもは、そのような現実の中から出てくるのでしょう。

なかなか門から入ってこないで、私が門まで迎えにいってやっと入ってきたK君のことやAちゃんのことなど一人一人の小さかったときの様子を思い出します。でもそんな子が自分から入ってきて門のわきの大きな石に手をかけて、やっこらしょと持ち上げているときは、力がみなぎっているのだろうと嬉しくなります。子どもと生きる一日のはじめには、大人もいろいろな思いを持ちますが、あなたはどうですか。

M 私は子どもたちの中に入るとき、偶然に出会うことになった子どもとの一瞬の交わりを大事にしたいと考えています。保育の中では一瞬一瞬が子どもに心を向けながら生きることになりますからね。子どもたちはこの園の中で今日しようと思っていることがあるのです。それに応えようとし、子どもが解決しようと願っていることには一緒に考えます。言葉で話すことがうまくない子は、その表現が非常識に見えることがあります。でも心は真剣なのです。

こんな一瞬を積み重ねて、一日となり、一週、一月、一年が作られるのです。子どもも大人もそのことは同じです。

●K君の心の繊細さに応えながらの一日

F はじめに話したK君のことですが、愛育の家庭指導グループ（小さい子のグループ）に在園し、小学部を卒園して、地元の養護学校の中学に進みました。とても朗らかで楽しいことが大好きですが、またとても繊細な心の持ち主です。そのことを強く感じたのは入園したてのころ、朝の出会いのときに見せた羞恥心です。木の陰に隠れてなかなか入ってこなかったり部屋では壁のほうを向いて壁に向かってひとりでボール遊びをしていました。次第に親しくなってきて、外で遊ぶことも多くなりました。それでも降園のときの大変さはいまも忘れられません。泥んこになって遊ぶのでどうしても着替えをしなければならなかったのですが、なぜあんなに大騒ぎをしたのか、私の理解もそこまでは及ばなかったことを、大いに反省しています。

M ああ、あのときの大騒ぎは忘れられませんね。着替えるとき服を脱がなければならないけれど、自分の裸を見られるのがいやで騒ぐことに私たちも気がついて、子どもの繊細さを思うと、無理に全部着替えないでもすむようにお母さんに衣服を考えてもらいましたね。後になってテレビの相撲番組が大好きになったのは、自分にとって極端に嫌いだった裸を平気で見せているお相撲さんに尊敬を感じたのだろうか。（笑い）

やがて、お気に入りの保育者を連れてきて、お相撲を取らせていました。みんな笑いながら

「ハッケヨイ」とやりました。わたしも随分やりましたよ。もちろん裸じゃないけれど。

F しだいに成長してクラスが進むと、もっと若い活力のある人と遊ぶようになって近くの公園に行くようになりました。公園で何をして遊ぶのか一緒に行った若い保育者が保育後の話し合いのとき、感動して話してくれました。K君はおんぶをして大声で「おかあさーん」と繰り返し叫ぶのだそうです。この子にとって、おんぶをされることも肌を接することで、ためらいがあるし、「おかあさーん」と叫ぶこともとても恥ずかしいことだったのです。そのころ小さかった妹が成長してお母さんにくっついたりするのを、K君はあんなことをしてもいいのかと驚いたり、うらやましく思ったりしたのでしょう。

M 公園なら知っている人に見られないから言えたのでしょうね。

F K君の気持ちに気づいた驚きを若い保育者が興奮して話してくれたのも、自分の情報や感動をシェアー（分ち合い）することでとてもよかったですね。

M 保育の後に保育に参加した人たちが話し合うことは、いまも愛育で大切なこととして続いています。一人一人の体験を、共有することを私たちは大切なコラボレーションと思っています。

真剣に生きる「いま」を積み重ねて成長する

F ある日、K君が若い保育者と公園に遊びに行って園に戻ってきたのが、降園時間の過ぎるころでした。それなのにそれから大積み木を積みはじめました。はじめは、もういいでしょうという気持ちで私は見ていましたが、真剣に体で支えて積み上げていくのです。その迫力に目を見張るようなものを感じて、次第にこの子がいま表現しようとしていることを理解したいと思って見ていました。

自分の背よりも高くなると、最後の一つは保育者に手伝ってもらって、やっと上に上げられました。それは見事だったのです。

私はそのことを考えるとき、なんだか熱いものを感じてしまうのです。

一日の中でいろいろなことをやって遊んだそのことが、一つ一つの積み木のようで、それを積み上げて、保育の一日の終わりに、思いっきり高いものを作った。一人では出来ないけれど、この保育者に助けられて作らずにはいられなかったのだと思いました。

M 「いま」を積み重ねて生きるとき、その子らしい一日があり、またその先に次の日があって未来があって未来へ向かって成長していくのですね。

●子どもは「いま」をどのように表現し、大人はどのように受け取るのでしょう

F K君が自分の一日をこのように表現して、「おもしろかったよ」と伝えようとしたことは、私の勝手な解釈のようで、半信半疑でしたが心に残っていました。

それからかなり時がたって、小学部を卒業するころになったとき、私はK君の成長した様子を見たいと思って朝から大きい子のクラスに入りました。

M そのころあなたは、もうK君のクラスではなく久しぶりに会ったのですね。

F そうです。彼は照れに照れて体全体で身をよじって笑って、やっと姿を現しました。彼は楽器に凝っていて、一番大きいのはチューバで、ケースの蓋を開けて金ぴかに輝くのを見せてくれました。そしてつぎつぎとトランペットやトロンボーンを出してきて最後になつかしいおもちゃのラッパが出てきましたが、これは幼児期に吹いて遊んだ赤い紐のついたものです。

M 楽器は大体地域の広報に『おゆずりください』という広告を出して、事情を話してゆずっていただいたものです。そういう好意や努力で得たものなんですよ。

F 私は小さいラッパを見たときK君が「僕はこんなに小さかったけど、大きくなったでしょ」と言っているように思えました。過去から現在へ、堂々と生きているようです。でも、テーマは同じなんですよ。何が変わったかと言えば、恥ずかしがりながらも自信をもって自分の思いを表現していることです。

M ああ、それはこの子にかかわった大人たちが本当に丁寧に接し、信頼して見ていたからだと思います。弱い崩れやすいこの子の自我を、いつも「それでいいんだよ」って肯定的なまなざしで見ていたからでしょうね。

幼いころのお母さんの忍耐強い日々の生活は本当に感心しました。悲壮ではなく楽しんでやっているのですね。だから無理がないのです。

F もうじき一年一回の同窓会です。青年になったK君は福祉作業所で働いていますが、同窓会をとても楽しみにしているそうです。そんなに楽しみな過去があることを周りの人からも羨ましがられているそうです。

M 愛育学園では、小学部の六年を卒業した後も、親子で度々学校を訪れてくれるので長い年月の人間の成長を考えさせてくれます。先日同窓会が開かれましたが、その意味でとても楽しかったのでそのときの話からしましょうか。

みんな、この日をとても楽しみにしていて、自分の原点を確認するように部屋の中を見て回っていましたね。いつも、お母さんと一緒だった人が一人で来て、みんなの輪の中で青年の風貌で談笑している姿が見られたりしました。

F K君は相変わらず人の集まるところには出て来ないで、二階の奥の部屋で以前の担任の先生に、お得意の管楽器の絵を小さなラッパからチューバまでつぎつぎに描いてもらって、絵を通して対話していました。以前のようにひどく照れてしまわずに、描いてもらった紙を折って飛行機にして飛ばしていました。『ぼくはこうやって大きくなり、ここを飛び立っていったのだよ』と語っているように感じました。

『その日暮らし』について

M どの人もいま行っているところで安定しているけれど、ここに来ると昔の遊びをちょっとやってみるようです。自分を確認するのでしょうか。K君のお母さんの話によると中学に行って、担任の先生が高圧的にK君を従わせようとしたときに、少し苦労したけれど、本人がしっかりそれを表現するので、お母さんが思い切って先生に話して分かってくれてこのごろは落ち着いているそうです。現在、K君は作業所で働いているのですが、一日がすぐ過ぎてしまうので、お母さんはまとまったことは何もできないでいると言われました。

F 私もK君のお母さんや二、三の人と『むかし、その日暮らしでいいって言われた』という話になりました。『その日暮らし』っていうのは、一般的には先のことを考えないで生きている人のことで、否定的な意味にとられますね。でもここでは「この日を一生懸命に生きる」という励ましだと思うのですが、先のことばかり心配しないでこの日のことを一生懸命やりましょうという意味でしょうか。

M 聖書の有名な言葉に「その日の苦労は、その日だけで十分である」とあります。いつも私たちのことを大切に見守っていて下さる方があるから思い煩わないでという意味で、以前お母さんたちに話したのです。『その日暮らし』という日常の言葉で言ったのですが、お母さんたちは覚えていてくれたのですね。

『その日暮らし』を可能にするには…子どもとお母さんのありのままを受け入れること

M N子さんのお母さんは一人で参加されたのですが、ゆっくり話していかれました。N子さんは心臓の大手術をされていて、身体的問題を抱えています。以前からの続きで生活はなかなか大変のようでした。食事が難しいこと、一晩に二、三回起き出してしまうことなど話を聞いていると、ついもっと楽にならないかと考えて助言したくなるのです。福祉サービスのショートステイに出しても世話があまり大変だから、何となくすぐ断られるそうです。将来を考えてせめてショートステイにでも行かれるようにと願っているそうです。でもお兄さんやお姉さんもそんな中から自立してちゃんとやっているのですよ。

F それであなたは何て話されたのですか。実は、そのあと私がN子さんのお母さんに会ったらあなたに現状を聞いてもらって、とても気が楽になったと言われたんです。

M 私は話を聞いてこの人は大変な中でも日常をやっていると思ったので、「いまのままでいいじゃないですか、N子さんは十分に満足して生きているのですよ。あなたは自分のことを考えておいしいものを食べたり、時間を見つけてよく眠り、時には短いものを読んだり、考えたりして自分を大切にしてください」って言ったのです。でも、あの人はもうそうやっているのですよ。人が心配していろいろ言うと揺れるけれど、N子さんのありのままを受け入れているのです。

F 子どもの現実を受け入れることはどの親にとっても難しいことですね。私自身のことを考えても親って自分の子には欲張りだから……。子どものありのままを認めるとずっと自分にも優しくなれますよね。私はN子さんのお母さんに出会って、以前と変わらない穏やかな姿に言葉にはできないような深い思いをもったのです。

●もう一つ大事なことは人と比べないこと

M 同窓会でO君の妹さんとゆっくり話しているところへお母さんが来て、大変楽しかったです。以前妹さんがO君と木に登っていたり、お兄ちゃんと仲がいいんですよ。

F O君は小さいころは学校へ来ると裸になって走り回って遊んでいましたね。

M 小さかったころO君の裸を心配するお母さんに「いまは何もかもかなぐり捨てて本気で遊ぶときだと思う」と私が言ったことがあります。

O君のお母さんは私が大学を辞めて養護学校の保育に専念するようになったことを、とても喜んでくれた一人です。「先生が最初に言われたことをいまもはっきりと覚えています」と言われました。その第一は「いまを大事にすること」だと話されました。第二は「他人と比べないこと」と。私はこのことをそんなにはっきり覚えていてくれることに感激して話し合いました。

F お母さんたちは子どもたちの卒業後、中学や、高等部や、作業所に行って私たちとは違ういろんな育てられ方をした子どもを見ています。そのような経験の中から子どもの心を育てるうえで大切なのは子どものときによく遊ぶことと、子どもが納得して生活できることだ、と言われたことが特に心に残りました。

M 同窓会で原点を確認したのは子どもたちだけでなく、大人たちも互いに子育てについて学んだ日でしたね。

第八章　別　れ

F　寒い冬のさなかS君が亡くなりました。十八歳になっていました。私たちがS君のことを取り上げたのは、まったく偶然のことでした。私たちの家でやっている造形教室にS君は両親に連れられて訪ねて来ました。私たちの家は古い普通の家ですから、他人の家を訪ねることの少ないこの子たちにとっては、興味を引くものがあるらしくあちこち見て回りました。庭にも出て塀の行き止まりを確かめ、また戻ったりしました。自分の居場所を確かめているような意欲に私たちは心を動かされていつものように会話が始まり、この本の幕開けとなりました。

副題につけた『—この子と出会ったときから—』というのも出会いの喜びの方に重きが置かれていたようです。いまになると別れへの予感があって、一層出会っているいまが大切なのだと言いたかったように思います。

●別れのとき

M　S君のところではお葬式はしないというので、大好きだった自分の家で、お父さんに髭を剃ってもらい服装を整えて愛育学園の青年部の人たちや職員に囲まれて、S君はベッドにいました。好物の焼きそばが振るまわれ、まさに日常の生活の続きのようでした。

そのときお父さんが話しました。「この子は一生涯何も悪いことはしなかった。人の悪口を言わず、人をねたまず生きていた」「だからこの子から私たちは学ぶことばかりだった」と言われました。私はS君の生涯は本当に高潔なものだったと思いました。

生まれたときから心臓が悪く、何回も手術や入院をし、幼いときには話していたのに、耳が聞こえなくなり、それでも実に忍耐強く生きてきたのですから、お父さんが「この子は聖人」と言われたのももっとものことです。

翌日は家から出てから火葬場の帰りに、好きだった愛育学園でしばらくのときを過ごしました。この本の始めに話したように『生きて行く場所の把握』をしっかりとして、今度は天国に行ったのです。一生懸命に生きたという自信は本人ももっていたと思います。入学したころは歩けなかったのが小学二年生くらいから、いざり歩きをするようになり、見る見るうちに一人で立って歩けるようになりました。みんなが行くところはどんなところか、あちこち見たいと思って、自分から活動を始めたのです。

F 今は、天国がどんなところか、S君の大きな目で確かめていることでしょう。目で見ることはもうできないけれど心に思うことで私たちは出会っています。

●別れた手には新しい別の手が差し伸べられる

M 子どもは始めは誰か親しい人の手につかまっていますが、やがてその手を離すようになります。離した手には新しい別の人の手と心が用意されているのでしょう。そんな希望をもっているから、成長していく子を見守り、別れていくとき励まして新しい道へ送り出すことができるのです。

出会ったときに丁寧に付き合っていれば、一人一人に必ず未来が開けることを、私たちは疑いません

一人一人の中にある『よい種』を親も先生もいっしょに育んでいきましょう。

別れのときは新しい出会いのときでもあります。

一人一人の中にある『よきもの』を信じていきましょう。

おわりに

二〇〇七年十二月私たちは生涯の終わりの方で、よもやこんなことは起こるまいと思っていたことに出会って、大きな戸惑いを感じていました。

その戸惑いとは、その日私が手紙を書こうとしたら、字がバラバラになって書けないことに突然気が付きました。どうやっても書けないのです。メガネが合わなくなったと考えて、一人で気軽に検眼に行ったところ眼底出血といわれ、かかりつけの北里研究所クリニックに行きました。ここでMRIを撮るために北里大学病院へ行くように緊迫感をもって言われ、それからはバタバタとMRIを撮り救急車で点滴をしながら広尾病院の救急救命センターに運ばれました。

実はこのあたりのことは真の記憶にはなくて、自分がどうしたのか、どうされたのかよく分かっていません。本人の途切れた記憶は後に一般の脳神経外科の病棟に移されるまでつながらなくて、戸惑いを感じました。歩くことも話すこともできるのに、文字を書くことだけができないだけで、なぜ自分がここにいるのか納得できません。三週間の入院の後に家に帰って日常生活を取り戻したときには本当にほっとしました。

日常生活は大体順調に進みましたが、小さな戸惑いやたじろぎがあって、以前と同じとは言えません。幼い子どもや、弱い子どものことを一生やってきて、そのことを言語で表現し、人々に伝える仕事をしてきた自分が「字が書けないこと」になったのは「あり得ないこと」のように思いました。この「あり得ない出来事」によって障碍をもつ子どもたちに一歩近付きました。

一人の子どもが、何かをやろうとしながらできなくて、手を出したり引っ込めたりしている様子が目に浮かんできました。その子の困惑が伝わって来ました。手を洗ったり、歯を磨いたりすることを私も今こだわってやっているのです。

春になって私たちは愛育学園の卒業式に二人で出席することができました。ここの子どもたちは私たちに沢山のことを教えてくれた人たちです。そのときの短い祝辞の中で『私はいま、沢山のしくじりをやっています。皆さんも堂々としくじりをやっていきましょう』と話しました。「堂々としくじりをやる」には、本人の心の中に戦いがあることに気が付きました。それを支えて周囲の人々が大らかに生きることが大切なのだと学びました。

この本は私たちがこの学校や家庭で出会い、別れていった子どもたちとのことを、居間で話し合い対談として、雑誌『幼児の教育』に二〇〇二年八月から二〇〇五年六月まで掲載したものに手をいれたものです。

この本ができるまでには多くの子どもたちと、そのご家族、ともに働いた保育者との出会いがありました。その一つ一つを感謝をもって心に刻んでおります。『幼児の教育』の編集の方々、そして最後にこの本を作るために尽力下さったななみ書房の長渡氏ご夫妻に感謝申し上げます。

津守　眞
津守　房江

著者紹介

津守　眞（つもり　まこと）

1926 年　東京生まれ
1948 年　東京大学文学部心理学科卒業
同　恩賜財団母子愛育会愛育研究所研究員
1951 年 - 1953 年　米国ミネソタ大学児童研究所留学
1951 年 - 1983 年　お茶の水女子大学教授
1983 年 - 1995 年　愛育養護学校校長
その後，社会福祉法人野菊寮理事長
1999 年 - 2006 年　学校法人愛育学園理事長
現在　愛育養護学校顧問
お茶の水女子大学名誉教授
世界幼児保育・教育機構（OMEP）名誉会員
広島大学よりペスタロッチー教育賞受賞（2006 年）
［主要著書］『乳幼児精神発達診断法』（共著）大日本図書　1961
『人間現象としての保育研究』（共著）光生館　1974
『子ども学のはじまり』フレーベル館　1979
『保育の体験と思索』大日本図書　1980
『自我のめばえ』岩波書店　1984
『子どもの世界をどうみるか』（NHK ブックス）日本放送出版協会　1987
『保育の一日とその周辺』フレーベル館　1989
『保育者の地平』ミネルヴァ書房　1997
「幼児保育から見た障碍の意味とその歴史的変遷」『保育学研究』
36 巻 1 号　日本保育学会　1998
『学びとケアで育つ』（佐藤学監修　著者代表津守真・岩崎禎子）小学館　2005
『私が保育学を志した頃』ななみ書房　2012

津守　房江（つもり　ふさえ）

1930 年　東京生まれ
1953 年　お茶の水女子大学家政学部児童学科卒業
1978 年 1 月 - 2001 年 12 月　婦人之友社乳幼児グループ会報執筆相談
1979 年 4 月 - 1993 年
社会福祉法人母子愛育会愛育養護学校家庭指導グループ保育担当
［主要著書］『育てるものの目』婦人之友社　1984
『育てるものの日常』婦人之友社　1988
『育てる心の旅』日本基督教団出版局　1990
『親たちは語る』愛育養護学校幼児期を考える会（編著）
ミネルヴァ書房　1996
『子どもの生活　遊びのせかい』婦人之友社　1996
『はぐくむ生活』婦人之友社　2001

出会いの保育学　ーこの子と出会ったときから

2008年5月15日　第1版第1刷発行
2018年3月　1日　第1版第4刷発行

◉著　者	津守　眞・津守房江
◉発行者	長渡　晃
◉発行所	有限会社　ななみ書房
	〒252-0317　神奈川県相模原市南区御園1-18-57
	TEL　042-740-0773
	http://773books.jp
◉絵・デザイン	磯部錦司・内海　亨
◉印刷・製本	協友印刷株式会社

ISBN978-4-903355-12-2
Printed in Japan

定価はカバーに記載してあります／乱丁本・落丁本はお取替えいたします